FEDERLESE

Manfred Kuhnke

Wir saßen alle an einem Tisch

*Sekretärin und Krankenschwester,
Pflichtjahrmädchen und Haustöchter
erzählen von Hans Fallada*

Herausgegeben vom Literaturzentrum Neubrandenburg e.V.

INHALT

ZU DIESEM BUCH

Sekretärin und Krankenschwester, Pflichtjahrmädchen und Haustöchter erzählen von Hans Fallada und seiner Welt, seiner unmittelbaren familiären Umgebung, wie sie von ihnen (hauptsächlich) in Carwitz erlebt worden war. Der Reiz, der davon für die Betrachtung dieses Schriftstellers und seines fortwirkenden, bis heute lebendigen Werkes ausgeht, liegt auf der Hand, wenn man sich der ganz ungewöhnlichen Perspektive gewahr wird. Hier berichten, vermuten und deuten nicht Literaturspezialisten, nicht Biografen oder Kunstexperten, sondern junge Mädchen und Frauen, die Hans Fallada auf alltäglichen Wegen begegnet waren, Menschen, die ihn kaum aus seinen Büchern, sondern ganz persönlich im vertrauten Gegenüber und distanzierten Miteinander kennen gelernt hatten: der Blick aus der Küchentür auf den Mann am Schreibtisch.

Oft waren sie in den freundschaftlichen Umkreis der Familie aufgenommen, und so können sie auch je nach Temperament, Erlebnisfähigkeit und Erinnerungsvermögen über Fallada und die Ditzens Auskunft geben.

Es gab in jener Zeit der Pflichtjahre fast jährlich neue Haustöchter in Carwitz. Das brachte eine jeweils veränderte Sicht hervor auf den Fortgang der Dinge, die Umbrüche in Carwitz wie in der Welt, auf den Wandel der Zeitläufte, dem sich jedes Leben zu unterwerfen und entgegenzustellen hat - und wie sehr erst das von Hans Fallada zwischen 1933 und 1945!

Auch wenn heute längst über allem eine mehrschichtige Patina aus Wahrheit, Wunschtraum und Nachgelesenem liegt, konnte sich in diesen Erinnerungen Authentizität erhalten.

Daraus kann ein neuartiger Zugang gewonnen werden zu Falladas besonderem Künstlerschicksal und zur Atmosphäre seiner Carwitzer Lebensform, die für sein großes episches Werk den notwendigen Nährboden hergab, ohne den er nicht so hätte schreiben können, wie er es vermochte.

Dass diese Zeitzeugen noch nach Jahrzehnten vieles von dem im Gedächtnis bewahrt haben, was sie in Carwitz als junge Menschen gesehen und erfahren hatten, ist mir signifikanter Hinweis auf die Wertigkeit des Stoffes, der Kostbares enthält. Es nicht versinken zu lassen, sondern es aufzuheben, ist die Absicht dieses Buches.

Manfred Kuhnke
Frühjahr 2001

ZUM GELEIT

Suse und ich, wir können uns gar nicht damit abfinden, wenn irgend etwas im Haushalt nicht ordentlich ist oder klappt - das macht uns immer wieder Ärger. Und wir geben da auch nicht nach. Wir sind ja nun auch durch die Neuenhägener und Berkenbrücker Zeit sehr verwöhnt, da blitzte immer nur alles und alles klappte. Das muß wiederkommen. Und wenn wir noch zehnmal wechseln. Aber wir glauben ja, daß wir diesmal das Richtige haben.

Wir werden nun einen ganz patriarchalischen Tisch einführen: alles ißt mit uns! Für Suse und mich ist es nicht so nett, aber die Trennung in zwei Tische hat unserem Gefühl immer widerstrebt.

Wir haben also einen ganzen Hofstaat, aber das muß auch sein, um all die Arbeit zu bewältigen, die zu tun ist. Davon erzähle ich vielleicht noch später.

(aus Briefen an die Eltern)

Hochwasser	Niedrigwasser	Hochwasser	Niedrigwasser
Cuxhav. 7. 8 19.33	Cuxhav. 1.25 13.47	Bremerh. 7.24 19.49	Bremerh. 1.33 13.55
Hamburg 11.25 23.50	Hamburg 6.25 18.47	Bremen 9.48 22.13	Bremen 4.52 17.14

(handschriftliche Eintragungen)

Eintragung in Falladas Kalender, 11. Juli 1939

trübe, trocken, windig.

Betriebsausflug n. Warnemünde
15 Erwachsene 8 Kinder 1 G. Wendel 4 Ditzen 2 Frercksens 3 Rohdes
2 Güldners 1 Irene Kupinski 2 Lewerenz 2 Bentzin 1Reinsberg 1Räder
1 Max Schmid 2 Haustöchter Lilo und Tütchen 1 Chauffeur
- 23 Personen

Betriebsausflug am 11. Juli 1939 nach Warnemünde

Unser Betriebsausflug war trotz des kalten Wetters und einer ganzen Reihe von Huschen ein großer Erfolg. Es hat den Leuten prachtvoll gefallen. Vor allem die lange Autofahrt, fast 5 Stunden hin, 4 Stunden zurück in einem recht betagten Autobus war ihr ganzes Glück Die See hat ihnen nicht so zugesagt, trotzdem wir an einem herrlichen Sturmtage da waren. Wir haben gebadet, auch die meisten Kinder, von den Leuten natürlich keiner. Um 1/2 2 Uhr nachts waren wir wieder zu Haus, die Kinder meist schlafend, um 7 Uhr waren wir schon aufgebrochen.

(Brief an die Mutter, 17. Juli 1939)

Tante Huschbahn

Dora Isbrandt

*Dora Koch (1911), geb. Isbrandt, war im Sommer 1932 von
Hans Fallada als Schreibkraft engagiert. Der herzliche
Kontakt zu Ditzens wurde auch danach noch einige Zeit als
Brieffreundschaft fortgesetzt.
Im Jahre 1993 besuchte Frau Koch das Hans-Fallada-Haus
in Carwitz. In den folgenden Jahren gab es mehrere
Gespräche mit ihr über die Zeit bei Hans Fallada und den
Ditzens.
Frau Koch lebt heute in Berlin-Spandau.*

Uli hat zu mir Tante Huschbahn gesagt

Im Jahre 1932 arbeitete ich als Sekretärin für Hans Fallada in Neuenhagen. Das
kam so zustande: Ich war bei der Frankfurter Zeitung beschäftigt und wurde
1931 entlassen. Eine Kollegin war im Rowohlt-Verlag untergekommen, und die
schrieb mir: „Du, da ist einer, der würde gern jemand zum Schreibmaschine-
schreiben haben, und da melde Dich doch. Würdest Du das machen?" Ich sagte:
„Na klar, Arbeit muss sein." Da wurde
mir dann die eine Karte geschickt von
Herrn Fallada aus Neuenhagen, ich
möchte dann und dann hinkommen,
und das habe ich natürlich freudig
getan. Dann wurde 1932 den ganzen
Sommer über „Kleiner Mann - was
nun?"[1] geschrieben. Er hat mir gesagt:
„Dann und dann kommen Sie doch
bitte." Da bin ich hingefahren, ich war
auch verhältnismäßig pünktlich, und
wir haben getippt wie die Verrückten.
Er hat aus seinem Vorgeschriebenen
diktiert, es war immer ein Manuskript
vorhanden, das er über Nacht, schätze
ich, geschrieben hat. Es war Hand-
schrift. Er hatte wirklich, wie er es spä-

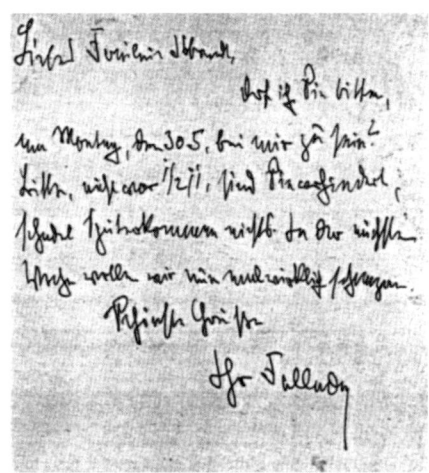

Die Postkarte aus Neuenhagen

ter auch geschildert hat, verkrampfte Hände, da hat es ihm ja Freude gemacht, das nun in die Schreibmaschine zu kriegen. Und wir haben auch darüber ein bisschen gesprochen, was ich dazu sage, ob es mir gefällt, ob es richtig wäre. Dann gab es Mittag bei Suse, immer ein kleines Essen, paar Schnitten oder warmes Essen, je nach dem, wie sie es einrichten konnten. Und dann bin ich wieder nach Hause gegangen, nachdem wir so und soviel Seiten getippt hatten, ein paar Stunden, sagen wir mal. Er hat mir gleich den nächsten Termin gesagt, wann ich wiederkommen soll, das habe ich dann auch gemacht, und so ging das den ganzen Roman runter.

Im Juli muss es gewesen sein, als er ein Angebot von einer Filmgesellschaft bekam, ich weiß den Namen nicht mehr.[2] Da ist er nach Kölpinsee gefahren mit seiner Frau und dem Jungen und hat mich mitgenommen, denn nun war das Filmmanuskript zu schreiben. Und das hat mir besonders gut gefallen in so einer Pension. Leider wurde Uli krank, ich glaube, es war eine Lungenentzündung, und er kam ins Krankenhaus. Fallada hat zu mir gesagt, dass es jetzt zu teuer würde, und da bin ich nach Berlin zurück.

In der Zwischenzeit hat es sich mit dem Film wohl zerschlagen, er schrieb mir: „ ... es wird und wird nichts", und es täte ihm selber sehr leid. Etwas später hat er dann, glaube ich, bei einer anderen Filmgesellschaft eine Möglichkeit gefunden, den Film doch noch zu machen. Das war nicht mit mir, wen er da zum Schreiben hatte, weiß ich nicht. Ich war inzwischen ziemlich engagiert mit mei-

Neuenhagen, Grüner Winkel 10, 1931/32

nem eigenen Leben, und da haben wir nur noch telefonisch und mit Briefen Verbindung aufrechterhalten.

Aber ich hatte die Familie gut kennen gelernt, die Familie mit Suse und dem Uli. In der Zeit in Kölpinsee sind wir viel an den Strand gegangen, haben rumgespielt, die Fotos von damals sagen ja auch so etwas aus, na ja, es war eigentlich für mich eine sehr schöne Zeit.

Erinnerungen an die Wohnung in Neuenhagen habe ich kaum, eigentlich nur vom Flur, gleich links ging's in einen Wohnraum, aber wie der ausgesehen hat, glauben Sie nicht, dass ich das noch weiß. In der Küche war ich natürlich nicht. Ich interessiere mich nie für die Umgebung, sondern immer nur für den Menschen.

Fallada hatte einen Schreibtisch, und darauf stand eine Schreibmaschine, an der ich geschrieben habe. Beim Diktieren ist er meistens rumgelaufen, hat selten gesessen, und hat auch mal reingeguckt, ob ich es richtig geschrieben habe, so ein bisschen Kontrolle musste auch sein. Wir haben uns auch unterhalten dabei, ich glaube, es gab damals Fortsetzungen in einer Zeitung, war es die Vossische?[3] Ich weiß es nicht mehr genau, jedenfalls gab es jeden Tag Fortsetzungen, und darüber haben wir natürlich gesprochen. Er wollte von mir wissen, wie das so passte und ob es richtig wäre, was er geschrieben hatte, ob er in den Begebenheiten so weitermachen sollte - und darüber haben wir uns immer sehr nett unterhalten. Wir haben uns beide gefreut, wenn immer mal Zustimmung kam. Ich hab sie nicht gesehen, aber er bekam wohl Leserbriefe[4], oder so etwas, dass die Leute es schön finden, die Bestätigung, dass es so aus dem Leben gegriffen ist. Darauf war er immer sehr stolz, war froh. Ob er die Leserbriefe vom Verlag bekommen hat - es war jedenfalls eine einzige Zustimmung, und darüber hat er sich sehr gefreut, war auch wieder ein Anlass, weiterzumachen, eine Motivierung, und auch dass es die richtige Linie ist. Fallada sah, dass er richtig ankommt, so, möcht ich sagen, war es.

Suse war bei diesen Gesprächen nicht dabei, die hat ja mit ihrem Kleinen zu tun gehabt und auch im Haushalt und hat ihren Mann in Ruhe gelassen.

Gelacht wurde auch, also, wenn ich mir das rückblickend so vor Augen halte, war das mit seine schönste Zeit, denn er hatte eine Frau, die er liebte, seinen Jungen und einen Erfolg, das ist doch schon viel wert! Er war damals wirklich ein froher Mensch, wenn ich die nachfolgende Zeit betrachte, muss er damals glücklich gewesen sein.

In den kleinen Garten hinterm Haus bin ich nicht gekommen, ich war nur im sogenannten Büro, was Fallada für die Arbeit vorgesehen hatte. Wie es da aussah, kann ich leider nicht mehr sagen. Besuch gab es während meiner Arbeitszeit nicht, da wurde nur diktiert, 1,50 Mark die Stunde habe ich gekriegt, fand ich sehr gut, hat mächtig mein Budget aufgebessert.

Im Sommer waren wir dann in Kölpinsee an der Ostsee. Er und seine Familie waren schon da, ich bin mit der Bahn hingefahren, und er hat mich irgendwo abgeholt. Die Pension musste ich natürlich nicht selbst bezahlen. Ich habe vieles vergessen, aber ich weiß noch, dass wir öfter am Strand gewesen sind, und auf der Terrasse wurde geschrieben, das war aber nicht allzu lange, weil, wie gesagt, der Uli dann krank wurde. Hinterher haben wir noch telefoniert und auch Briefchen geschrieben, aber gesehen hab ich ihn nachher nicht mehr. Aber der Kontakt blieb noch etwas bestehen, brieflich - na, ich war fauler, er war fleißig, muss ich zugeben, ich hab mich jedesmal gefreut, wenn ein Brief kam. Er hat mir dann auch von der Entwicklung inzwischen erzählt.

Hans Fallada und Sohn Uli, 1932

Den Roman „Kleiner Mann - was nun?", an dem ich getippt habe, ich hab ihn, aber nicht mal gebunden, sondern nur kartoniert, nicht mal 'ne Widmung hab ich drin, das ärgert mich bis heute. Etwas geärgert habe ich mich auch über das Zeugnis, das er mir in Kölpinsee ausgestellt hat. Erst mal war es auf pimprigem Papier, und dann war so ein Satz drin: „Was sie gegessen hat, das hat sie auch verdaut." Er war ja manchmal etwas drastisch: Ich hatte damals einen Bekannten, der kam aus Südamerika und hat sich eine Weile nicht hören lassen, und da hat Fallada gefragt nach dem Andalusischen Steppenhengst, na, da war ich vielleicht sauer, er hat sich oft so burschikos ausgedrückt. Aber unsere Unterhaltungen waren nicht oberflächlich, in seinen Briefen ist er auf meine Sachen eingegangen, was ich damals an Kummer hatte, das kann ich schon sagen. Die meisten von damals leben ja gar nicht mehr, na, ich bin nun mal so eine alte Tante geworden.

Ach, das war wirklich niedlich, wenn der Uli mal was wollte, kam er an: „Tante Huschbahn, Tante Huschbahn...", ich war damals zu jung, um mich länger mit dem Kleinen zu beschäftigen, man hat mit 21 andere Ideen im Kopf, das ist ja heute auch nicht anders. Aber ich bin glücklich und sehr dankbar, dass ich diese Zeit habe erleben können. Und er ist ja dann noch berühmter geworden. Mit der Stelle hab ich einfach Glück gehabt, er hat mich eben engagiert, wenn ich es nicht gewesen wäre, wäre es ein anderer gewesen. Es war die nette Empfehlung von meiner Kollegin, er hätte mich ja auch nicht zu nehmen brauchen, aber wir waren uns gleich sympathisch. Das spielt ja eine große Rolle, ob gleich eine Abneigung da ist, ach, so eine olle Zicke oder so. Nein, wir haben uns verstanden, auch die Briefe werden das zeigen. Es war gar nicht sehr lange, es war wirklich nur das Jahr 32, und Briefe nur von 1933 und 1934, dann weiß ich noch, dass sie nach Berkenbrück gezogen sind, da hat er wohl viel Ärger gehabt, ja, das hab ich später mitgekriegt, und dann sind sie nach Feldberg, nach Carwitz. Dort hat er sich im Juli 1933 Land gekauft. Das ist durch Peter Zingler [5] gekommen, irgendwie hab ich das gehört. Zingler hat für die Frankfurter Zeitung gearbeitet, da war er ein freier Mitarbeiter. Wir hatten so ein Büro mit Schalter, und da musste ich Peter Zingler manchmal Geld überreichen, das ist ja kein Kontakt in dem Sinne, er hat nur dort sein Honorar abgeholt, aber mehr war nicht. Er war ein bisschen ... - wilde Haare, grau, schmales Gesicht, asketisch, und für meine Begriffe hat er bisschen gehinkt, kann das gewesen sein? Oder mindestens schief ging er, so hab ich ihn in Erinnerung. Bei uns im Verlag lernte ich ganz interessante Leute kennen, insgesamt war das 'ne schöne Zeit, die fünf Jahre im Verlag, in die Redaktion aber bin ich bloß aushilfsweise gekommen, auch zum Tippen natürlich.

Geraucht hat Fallada furchtbar, ununterbrochen hat der Mann geraucht, aber gestört hat mich das damals nicht, ich war jung und gesund. Ja, er hat stark geraucht, viele Zigaretten, eine nach der anderen, ganze Berge, aber dass er ein Trinker war, das hab ich nie gemerkt, und dass er seine Bücher im Rausch geschrieben hätte, niemals, nein, das glaub ich auf gar keinen Fall. Wie ich es Ihnen vorhin schon sagte, er hatte zum Diktat immer schon alles fertig. Übrigens, die Finger waren ja fast steif, er konnte kaum den Federhalter halten. Er hat deshalb auch so ein besonders dickes Exemplar von Federhalter gehabt, weil er es sonst nicht mehr halten konnte. Was das genau mit seiner Hand war, weiß ich leider nicht mehr. Er hat richtig verkrampfte Hände gehabt, und wie ich es so verstanden habe seinerzeit, hat er wirklich die Nacht durchgeschrieben.

Der Uli hat zu mir Tante Huschbahn gesagt, Fallada natürlich nicht, nein, nein, Isch, hat er mich genannt, glaub ich, oder Ischi, wie es ihm gerade in den Sinn kam. An der Haustür wurde ich in Empfang genommen: „Guten Tag!" und dann wurde gleich geschrieben, ich war eine Arbeitskraft für ihn. Dass ich da in die Familie aufgenommen worden wäre, das kam später, in Kölpinsee, da ist es etwas familiärer gewesen. Aber auch dort hatte er etwas zu schreiben, und er kannte mich nun, da hat er mich dort hingeholt.

Es war 'ne schöne Zeit.

ÜBER DORA ISBRANDT:

„Die Suse und ich, wir freuen uns sehr auf Ruhe und Ausspannen und Ein-biß-chen-voneinander-haben. Übrigens wird es Sie auch freuen, daß die kleine Isbrandt für eine Woche mitfährt. Die Aafa will so schnell das endgültige Treatment haben, daß sie mir zugestanden hat, daß sie mir Unkosten, falls aus der Geschichte nichts wird, ersetzen. Hat das Mädchen sich gefreut!"
12. Juni 1932 an Peter Zingler

„ ... daß ich mir sogar ein Mädchen zum Tippen in die Sommerfrische genommen habe. Die Aafa (nicht die Ufa, sondern ihre Konkurrenz) bezahlt es. Nun ist alles soweit fertig, Mitte der nächsten Woche wird die definitive Entscheidung fallen. Wenn es wird, wäre es sehr schön, ich tippe allerdings mehr auf Nein. Wird es aber, heißt es vorerst wieder drei Wochen angestrengteste Arbeit, dann kommen zu dem hier befindlichen, übrigens sehr netten Mädchen noch zwei Männer, mit denen ich Drehbuch arbeiten muß.
Eben kommt mein Mädchen vom Spaziergang, strahlend, aber immerhin nur zum Diktat."
17. Juni 1932 an die Eltern

„Nun aber ist meine kleine Sekretärin wieder abgereist, die Hauptarbeit ist vorläufig geschafft, jetzt ist nur noch Kleinkrams da."
26. Juni 1932 an die Eltern

FÜHRUNGSZEUGNIS: DORA ISBRANDT

Hierdurch wird bescheinigt, daß Fräulein Dora Isbrandt vom 13. - 24. Juni 1932 hierselbst tätig war. Nach Erkundigungen von der Ortspolizeibehörde sind während dieser Zeit Polizeistrafen nicht gegen sie verhängt worden. Zu ernsten Bedenken gab also ihre Führung keinen Anlaß. Was allerdings ihre Nahrungsmittelaufnahme angeht, so wurde bereits von unserer Wirtin Frau Voß erwogen, den Betrieb wegen Unrentabilität und zu kleiner Kochtöpfe zu schließen, erst meine Vorstellungen, daß Fräulein Isbrandt bestimmt morgen abreise, habe sie bewogen, von diesem Vorhaben Abstand zu nehmen. Fräulein Isbrandt hat in dieser Zeit einmal gebadet; wie oft sie sich die Füße gewaschen hat, habe ich nicht feststellen dürfen. Auch muß festgestellt werden, daß sie auf einem vollbesetzten Rügendampfer nicht mehr als geschäftsüblich von ihren Augen Gebrauch gemacht hat, leider erfolglos, so daß ihr ganzes Gewicht auf mir ruhen blieb. Auch hat sie sich nicht gekötzt. Sie hat viel geschlafen, wenig gearbeitet, mich stark durch Schuhreparaturen beschäftigt (die sie nicht bezahlt hat), viel Umschläge und Bogen versaut, die sie gelegentlich bei mir abessen muß, ist von meiner Frau liebevoll um den Hals geschlungen worden und ist im übrigen nach dem Urteil einer schlesischen Großgrundbesitzerverwaltersdame genau das, was man eine Berliner Pflanze nennt. Was hiermit bescheinigt wird.
Kölpinsee, am 24. Juni 1932
Hans Fallada
P.S. Sehr wichtig, sie hat auch alles gegessen, was sie verdaut hat. Der Obige.

BRIEFE

Ditzens, z.Zt. Kölpinsee auf Usedom Strandstr. 2 bei Voss, 6. Juli 1932

Liebe Tante Huschbahn,
herzlichen Dank für Brief, Buch und noch mal Brief. Wir haben Sie absichtlich
so lange mit der Antwort warten lassen, denn wir wollten Ihnen doch mitteilen
können, wann wir Uli zurückbekommen. Also morgen holen wir ihn. Sie können
sich denken, wie glücklich wir sind! Er ist dort schon mächtig auf den Beinen,
schon seit einer Woche, wie wir hören, tobt er wie ein Wilder durch das ganze
Krankenhaus - „bis in die Küche hören wir ihn" sagte die Schwester. Also: jetzt
fängt nun der ganz richtige Urlaub der dreieinigen Familie erst an.
Hier wird's immer schöner. (Bis auf das Publikum, das sich seit Einsetzen der
Hauptsaison in lauter Mamas mit Kindern verwandelt hat). Die Sonne ist herr-
lich. Suse ist schon ganz braun - wo ist Ihre Bräune, Mädchen? Oder wird die
Schildpattinsel fleißig besucht? - und auch ich verfärbe mich immer mehr und
entgehe trotz aller Vorsicht nicht dem Sonnenbrand. Zweimal täglich baden wir,
Suse ist überhaupt nicht mehr aus dem Wasser rauszuschlagen, und auch ich
vertraue mich je öfter je länger den liebenden Armen der Ostsee an. (Von Busen
kein Wort!) Im Haus hier, das bis aufs letzte Zimmer besetzt ist, toben mindestens
20 Kinder. Nachmittagsschlaf ist ein schwieriges Kapitel geworden, aber recht
schön ist's doch.
In all dieser Schönheit darf es Sie (und mich) nun nicht zu sehr betrüben, daß
der Film nun doch wieder geplatzt ist. Die Geldgeber haben Angst, so 'nen aktu-
ellen Film zu drehen. Hoffentlich krieg ich nun wenigstens meinen Kies, vorläu-
fig schweigen sich die Herrschaften aus und haben all die Zeit, die ich seinerzeit
bei der Arbeit nicht haben durfte. Von Peter Möcke noch kein Wort. Nun, wird
auch schon wieder nischt werden. Bleibt der „Kleine Mann" und dem wenigstens
scheint es nach allem, was man so hört, gut zu gehen.
Und Sie haben unterdessen wieder gehofft, Daumen gehalten, und es ist doch
nichts geworden? Es tut uns furchtbar leid für Sie, wir wünschten Ihnen so, daß
Sie aus der Malesche der Tatenlosigkeit und der Geldlosigkeit herauskämen. Vor
allem aber was zu tun! - Zwei Bilderchen von Ihnen - sehen ein bißchen gestellt
aus - legen wir bei. Dann noch so, was wir von der Rügentour noch haben. Suse
soll es dann raussuchen. Suse ist nämlich am Strand. Während der brave
Ernährer schon seit über zwei Stunden tippt. Buchkritiken und so 'nen Quatsch,
aber wovon soll der Schornstein rauchen? Nun ist aber mit allen diesen

Kleinarbeiten Schluß, mit Briefen erst mal auch, der Rest dieser Woche gehört erst
mal allein Uli, und dann in der nächsten Woche rin in den neuen Roman.
Grüße an Ihre Mutter und Sie von Ihren ollen Ditzens
Viele Grüße, Ihre Suse D. [handschriftlich]

Ditzens, Kölpinsee auf Usedom Strandstraße 2, bei Voss, 22. Juli 1932

Liebes Fräulein Isbrandt,
herzlichen Dank für Ihren Brief und die Fotos, die doch gar nicht so schlecht
sind, wie Sie sie machen. Aber herzlichen Glückwunsch zu der Stellung, zu der
ganz sicheren und der beinahe sicheren, und unsere große Mitfreude! Daß es
Ihnen gut gehen möge und daß Ihnen die Arbeit nicht zu schwer fallen möge und
daß sonst auch alles - nun, Sie wissen ja. Wir allerdings wissen nicht so, denn
ganz zurecht haben wir uns in Ihrem letzten Brief nicht gefunden. Was das
„sonst noch" war... wir
erraten es nicht. Aber wir

In Kölpinsee, 1932

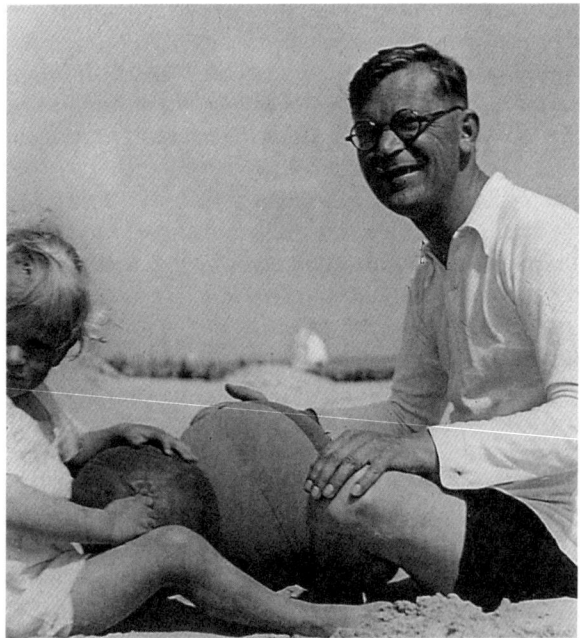

hoffen, daß Sie es uns
einmal erzählen werden,
wenn wir wieder da
sind, und wenn Sie uns
dann besuchen, einmal
nicht der Arbeit halber,
sondern bloß zum Ver-
gnügen. Es wird aller-
dings noch ein Weilchen
dauern, denn wir wollen
noch bis Anfang Sep-
tember bleiben, Ulis we-
gen, wie Sie ganz richtig
annahmen, - wenn das
Wetter nicht zu schlimm
wird. Seit einer Woche
regnet es viel, ist trübe,
kühl, das Braun schwin-
det schon wieder lang-
sam, und die Kinder
toben durchs Haus und

wissen nicht, was mit sich anfangen. Das Essen ist gegen die Vorsaison auch schlechter geworden und unsere Mägen sind reichlich gelangweilt. Aber es wird ja noch wieder besser werden, und Berlin ist ja augenblicklich nicht so verlockend.

Daß aus dem Film nun doch noch was geworden ist, aber nicht mit Erich Engel, sondern mit einer anderen Gesellschaft, schrieb ich wohl schon. Das heißt zwar Geld, aber auch noch einmal neue Arbeit, es wird wohl im September noch einmal vom Frischen losgehen. Von dem heute schrecklich meckrigen, im allgemeinen aber sehr fidelen Uli legen wir Ihnen zwei besonders nette Bildchen bei. Hoffentlich machen Sie Ihnen Freude.

Schönste Grüße

von Ihren Ditzens

Berlin,
12. Oktober 1932

Liebe dreieinige Familie Ditzen,
ja, ich lebe noch und wie ich lebe, großartig. Ich bin zwar ein ganz schreibfaules Ding, aber ich habe oft an Sie gedacht, vielleicht entschädigt das ein ganz klein wenig mein Stillschweigen. Sie sind sicher schon vom grünen Winkel in die Grüne Heide gezogen und haben bestimmt sehr viel zu tun gehabt, so daß Sie gar nicht mehr an mich gedacht haben. Aber ich melde mich doch noch einmal, allerdings mit einem ganz schlechten Gewissen, denn Sie waren immer so fleißig mit dem Briefeschreiben. Wie geht es Ihnen? Fühlen Sie sich schon richtig wohl in Ihrem neuen Heim? Und was macht Uli? Er hat sich bestimmt sehr herausgemacht und wird die Tante Ischsch oder Ischba nicht mehr kennen. Was macht ihre Arbeit, Herr Fallada? Sicher stecken Sie Ihren Kopf gar nicht mehr aus der Arbeit heraus, hoffentlich lohnt es sich auch, aber das weiß man ja nie vorher bei Ihnen, das Publikum ist, glaube ich, unberechenbar. Hat Peter Möcke schon seine Reise in die „böse" Welt angetreten oder muß er noch warten? Und nun, wie geht es Ihnen, Frau Ditzen? Macht Uli Ihnen immer noch viel zu schaffen oder spielt er jetzt auch mit anderen Kindern? Die Arbeit wird ja auch bei Ihnen nicht abreißen, aber die Reise hat Ihnen sicher sehr gut getan. Ich rede immer noch von Reise, und Sie denken vielleicht gar nicht mehr daran. Also, nun von mir: mir geht es gut, die Arbeit schmeckt, das Geld langt so so la la und die Liebe habe ich an den Nagel gehängt.

*Jetzt will ich mal versuchen, wie es ist, wenn man ganz „sachlich und modern"
lebt. Ob das bei mir überhaupt geht, wird sich bei der Praxis herausstellen. Vorerst
habe ich den guten Willen, und das muß genügen. Jetzt muß ich aber schnell
Schluß machen, mein Chef erscheint auf der Bildfläche.*

*Rudolf Ditzen Neuenhagen bei Berlin Grüner Winkel 10
13. Oktober 1932*

*Liebes Fräulein Isbrandt,
schon ein paar mal haben wir gesagt: wann wird sich Tante Huschbahn wohl
mal wieder melden? Nun, sie hat's getan, wenn's auch ein bißchen lange gedauert hat. Schön und angenehm ist es aber zu hören, daß es Ihnen gut geht, daß
das Geld reicht, wenn auch nur so la la, und daß jetzt ein streng sachliches und
modernes Leben geführt wird. Wenn auch unter Ausschluß der Liebe. Da Sie
noch nicht ganz uralt sind, wird sich das ja eines Tages von selbst reparieren.
Lassen Sie sich Ihre Tage nicht gar zu langweilig werden bis dahin!
Von uns ist zu melden, daß wir mächtig in Umzugsvorbereitungen stecken. Wenn
wir auch erst am 15.11. nach Berkenbrück an der Spree übersiedeln (wo liegt
das?), so ist doch so viel mit Anschaffungen, Tapetenwählen, Installateuren,
Tapezieren und Tischlern zu tun, daß man schon damit ausgefüllt wäre, und
zufällig betreibe ich ja auch noch eine kleine und im Moment sogar gut gehende
Schriftstellerei daneben. Also Trubel, Wirrwarr, Durcheinander, Unruhe, aber die
Aussicht auf große endgiltige Ruhe.*

*Die soll nämlich in Berkenbrück kommen, das eine Station hinter Fürstenwalde
auf der Strecke nach Frankfurt an der Oder liegt. Wir denken, wir haben da was
sehr hübsches gefunden, 5 Zimmer mit einem großen Garten, Wald und Wasser
und Stille, Stille, Stille. Ein bißchen weit, werden Sie sagen, aber das ist nicht so
schlimm, viel weiter als Neuenhagen ist es auch nicht, aber tausendmal schöner.
Wir denken, Sie sehen es sich bald einmal, wenn wir erst da sind, an. Sie jetzt
hierhin in unsere halb abgebrochen schwankenden Zelte einzuladen, wäre
sinnlos.*

*Und Uli? Nun der Knabe hat sich mächtig rausgemacht, er, der doch sonst nichts
von Kindern wissen wollte, liegt jetzt den ganzen Tag auf der Straße mit andern
Kindern und erscheint bei seinen Eltern nur noch behufs Pschpsch, Fressen und
Wehweh. Aber das ist sehr angenehm, jetzt merkt man doch, wie er vorwärts*

kommt - und was er redet! Was er redet! Man ist oft ganz erschöpft und denkt: die Geister, die ich rief, werd ich nun nicht los.

Der Möcke - ja, der Möcke wird wohl verstorben sein, ich höre nichts mehr von ihm. Sachen, die einem selbst viel Spaß machen, scheinen nie etwas zu werden, der „Kleine Mann" hat uns lange nicht so viel Spaß gemacht, nicht wahr? Daß der wacker seinen Weg macht und fleißig für seinen Vater Geld verdient, haben Sie ja wohl gehört, jetzt werden wohl ungefähr 20.000 Stück weg sein. Übrigens habe ich der Aafa doch noch wegen Ersatz meiner, Ihrer Spesen mit dem Rechtsanwalt kommen müssen, da kam dann das Geld, grade vor 14 Tagen, mit einer ziemlich lahmen Entschuldigung. Nun geht es - wohl in der nächsten Woche - an den richtigen Film - soll mich wundern, was daraus wird.
So, Tante Ischba, genug gekakelt, melden Sie sich einmal wieder, am besten noch vor dem 15.11. Danach ist meine Adresse einfach Berkenbrück/Spree, nichts weiter.

Alles Gute und Schöne
von Ihren
Ditzens

1000 Grüße & alles Gute weiter. Wir, besonders auch ich, haben uns in Kölpinsee sehr gut erholt. Und nun kommen wir ja an einen Ort, wo Sommerfrische überflüssig ist, da wird die Erholung schon vorhalten. Also, wir hören wohl bald mal wieder von Ihnen.
Herzlichst

               Ihre Suse Ditzen

Berlin, dem 19. Mai 1933

Liebe Familie Ditzen,
Nach so langer Zeit muß ich mich doch auch einmal wieder hören lassen. Ich hätte zwar schon früher schreiben müssen, denn es ist doch immerhin von bestimmter Wichtigkeit, wenn man eine andere, und sogar viel bessere Stellung gefunden hat, als man vorher überhaupt erhoffte. Ja, so vom Unglück verfolgt scheine ich ja gerade nicht zu sein. Also, ich habe tatsächlich seit dem März d.J. eine sehr feine Stellung bei einem Verband der Metallwarenindustrie. Natürlich bin ich nur durch Zufall dorthin gekommen. Eine verhältnismäßig sichere Sache, wenn man überhaupt heute von sicher reden kann. Ich bin sehr zufrieden, ach

mehr, ich bin ausgesprochen froh darüber. Sonst hat sich ja bei mir nichts geän-
dert, es ist immer dasselbe geblieben. Auch zu Hause geht es so einigermaßen.
Und wie geht es Ihnen in Berkenbrück? Ist es nicht jetzt einfach herrlich? Sie müs-
sen sich doch wie im Paradiese vorkommen in einem riesengroßen Garten, mit
dem Haus am See? Man könnte ja noch so viel aufzählen, aber das ist wohl das
wichtigste. Was macht denn Uli, ist er schon sehr groß geworden und freut er sich
schon sehr auf oder über das gewünschte Schwesterchen? Jetzt wird er wohl auch
schon einen Freund dort gefunden haben! Und wie geht es Ihnen, liebe Frau
Ditzen, ich hoffe und wünsche das Allerbeste für Sie und den zweiten Murkel.
Was macht der Film von Pinneberg und Lämmchen? Er wird wohl jetzt nicht her-
auskommen, oder doch? Jedenfalls habe ich mich sehr gefreut, daß der „Kleine
Mann" nicht auf der schwarzen Liste der „Undeutschen Literatur" stand. Ich habe
nämlich die Liste zu sehen bekommen und war sehr erstaunt, was alles und wer
alles so quasi vernichtet werden wird, so daß ich nach und nach an meinem
Geschmack und meiner Anschauung zu zweifeln begann. Sie haben es doch nun
sicher nicht leicht, Herr Fallada. Ich habe mal so über die moderne Literatur eine
Äußerung gehört, da fiel natürlich auch Ihr Name, was Liebenswürdiges hat der-
jenige allerdings nicht gesagt. Aber da, wie gesagt, Ihre Bücher nicht auf dieser
Liste standen, ist mir doch ein Stein vom Herzen gerollt. Sonst geht man ja ziem-
lich rigoros vor. Mein Geschmack ja gerade nicht, aber was soll man machen? Vor
allem muß ich mich über die ach so plötzlichen Bekehrungen zum „Heil" wun-
dern. Na, was will man machen, vielleicht gefällt es einem später auch noch ein-
mal, aber das braucht sicher noch eine ganze Zeit. ⁶ So, nun habe ich aber genug
„politisiert". Gibt es überhaupt noch einen anderen Gesprächsstoff? Ich glaube,
Herr Fallada, Sie werden noch genug „Stoff" in sich haben und diesem wünsche
ich noch viel mehr Erfolg als bisher.
Nun aber Schluß. Vielleicht (ach, ganz sicher) interessiert Sie dieser geschriebene
Unsinn gar nicht, wo Sie doch so viel Post erhalten werden, und trotzdem, ich bin
gerade dabei, sollen Sie ein paar Zeilen von mir haben.
Recht frohe Grüße und die besten Wünsche
von Ihrer, gern von Ihnen hörenden
D. I.

RUDOLF DITZEN, Berlin W 15, Lietzenburger Str. 48, Pension Stössinger

Am 4. Juli 1933

Liebes Fräulein Isbrandt ,

Sie haben sicher schon alle Hoffnung aufgegeben, auf Ihren Brief vom 19. Mai eine Antwort von uns zu bekommen. Das liegt erstens an den vielerlei Dingen, die wir seitdem erlebt haben, zum Zweiten aber auch an Ihnen, die Sie in Ihrem Brief Ihre Adresse nicht angegeben hatten. Da wir schon längst nicht mehr in Berkenbrück wohnen, da unsere Sachen aber noch dort sind und mit den Sachen Ihre Adresse, habe ich nicht eher schreiben können. Jetzt habe ich zufällig mein Adressenbuch wieder in die Hände bekommen und kann Ihnen wenigstens einen kurzen Gruss schicken und einen Dank für Ihren Brief.

Wir wohnen hier wie oben angegeben und warten jeden Tag auf die Geburt von Zwillingen (ja, Zwillingen !). Wenn Sie einmal Zeit haben, so rufen Sie uns doch unter Oliva 6006 an, und wir werden dann etwas verabreden, falls meine Frau noch nicht in der Klinik ist und sich entsprechend fühlt. Alles Weitere mündlich.

Herzlichst

Ihr

Hans Fallada , Berlin W 15,
Lietzenburger Str. 48, Pension Stössinger
Am 21.7. 33

Liebes Fräulein Isbrandt,

Sie haben gar nicht wieder bei mir angerufen, und so muß ich beinahe glauben,
Sie sind „biese" mit uns. Wenn Sie aber wüßten, in welchem Durcheinander und
welchen Sorgen wir in der letzten Zeit gelebt haben, würden Sie mir schon ver-
zeihen, daß sich unser Wiedersehen immer wieder aufgeschoben hat.
Daß wir stets an Sie gedacht haben, beweist dieser Brief, denn ich gebe Ihnen
gleich Nachricht, daß Suse ihre Entbindung hinter sich hat. Wir sind halb glück-
lich und halb traurig, denn das eine von den beiden kleinen Mädchen, die sie
geboren hat, ist wenige Stunden nach der Geburt gestorben. Das andere ist
Gottlob ganz gesund und munter. Meine Frau liegt in der Privatklinik, Nassaui-
sche Str. 51 - 52, Berlin - Wilmersdorf, kann aber vorläufig noch nicht besucht
werden, denn sie ist von dem Schock noch sehr mitgenommen. Sollten Sie ihr
schreiben, so erwähnen Sie möglichst wenig von dem zweiten Kind, das nimmt
sie alles noch sehr mit.
Ich grüße Sie herzlich und hoffe, wir sehen uns wirklich bald einmal wieder.
Mit den besten Grüßen

Ihr Fallada

Rudolf Ditzen   Carwitz - Post Feldberg/Meckl. Telef. Feldberg 76
Am 1. August 1934

Liebes Fräulein Isbrandt,
also haben wir doch noch wieder einmal - dank der wohltätigen Einwirkung
Ruhpoldings! - von Ihnen gehört. Über den Anfang Ihres Briefes, daß w i r ins
Schweigen versunken wären, waren wir baß erstaunt. Umgekehrt, meine junge
Dame? Vor einem guten Jahr haben wir nämlich anläßlich der Geburt unserer
Tochter miteinander korrespondiert und telefoniert, Sie wollten mich bei der
Stössinger aufsuchen und mit mir in die Klinik zu meiner Frau gehen - aber ich
warte noch immer, nur nicht mehr bei der Stössinger! Vielleicht hat sich auch der
andalusische Steppenhengst bemerkbar gemacht. Wie alt doch Hengste werden
können, ich hätte nicht mehr gedacht, daß er noch in Ihrem Leben weidete!

Aber das alles ist ja nun ausgestanden und vergessen. Sie haben wieder geschrieben, und sogar sehr vergnügt geschrieben. Daß Sie so ganz in Ihrem Büro und Beruf aufgehen und sich dabei wohlfühlen und weiter Stellung haben - dazu unseren schönsten Glückwunsch. Ob dieser Brief Ihnen nun nach Wuppertal-Elberfeld, oder nach Köln nacheilen möge, ob er sie in der Flensburgerstr. findet - ganz egal, weiter viel Glück! Und vielleicht können Sie sogar wieder etwas für Fräulein Bierla tun, das wäre doch schön!

Bei uns geht es ganz gut. Zwar haben wir kein Rittergut, sondern nur, was man hier im Mecklenburgischen eine Büdnerei nennt, was unbestreitbar von Bude kommt, aber auch auf einer Büdnerei kann man zufrieden und glücklich leben, vielleicht sogar besser als auf einem Rittergut. Uli ist nun schon ein großer Bengel geworden, der allein seine Exkursionen ins Dorf macht und zum Essen gesucht werden muß, der jeden Tag schwimmen lernen will und es immer nur um einen Tag noch aufschiebt, an dem er soviel essen will, daß er sehr stark geworden ist, und Schwesterchen fängt auch schon an zu laufen und krabbeln - augenblicklich allerdings blökt sie sich die Seele aus dem Leibe. - Meiner Frau geht's gut, sie ist gerade die richtige Frau für's Landleben, trotzdem das gar nicht so still ist, wie sich die Städter denken, und ich hole zwischen zwei Romanen Atem und bade und bin faul und grüße Sie darum herzlich, weil mir eben eingefallen ist, ich könnte eigentlich noch rasch vor dem Mittagessen baden und faul sein.

Schönste Grüße von uns beiden

Ihr Hans Fallada

ALTE BRIEFSCHAFTEN

Ich war nach Spandau gefahren und hatte mich schon unterwegs auf Tante Huschbahn gefreut. Briefe sollte ich von der alten Dame kaufen, Briefe, die sie einst von Hans Fallada bekommen, und auch welche, die sie ihm geschrieben hatte, damals, vor mehr als 60 Jahren.

Für das Feldberger Archiv wollte ich die Sachen von damals erstehen, alles soll sorgfältig aufgehoben werden, was nur erreichbar ist! Wer weiß, wie die Blätter erhalten sind, was in ihnen stehen mag? Frau Koch war als junges Mädchen seine Schreibkraft gewesen in Neuenhagen, aber nur für wenige Wochen. Ein winziger Briefwechsel war zwischen ihnen noch ein Weilchen hin- und hergegangen, als Fräulein Isbrandt schon längst in einem Berliner Büro an der Schreibmaschine saß.

Freundlich wurde ich empfangen und hereingebeten. Frau Koch kochte uns einen Tee, dazu gab es duftende Butterkekse - und dann fragte ich sie - und sie begann zu erzählen.
Zuerst staunte ich, was sie alles noch wusste, war aufgeregt, wie ich es immer bin, wenn ich Hans Falladas Leben und Schreiben begegne in Menschen und Dingen, versunkene Zeugnisse ans Licht bringen kann.
Doch spürte ich bald, dass die Sätze lange zurechtgelegt waren.

Dora Koch, geb. Isbrandt, 1994

Die alte Dame hatte genug Zeit gehabt fürs Kramen im Gedächtnis, vieles war inzwischen auch weggekommen daraus. Der Rest schien immer noch beträchtlich, und mein Staunen war echt und vollauf gerechtfertigt. Aber ich trank nicht als erster aus der Quelle, alles war oft erzählt worden, klang etwas eingeübt - und einige Passagen schienen aus Büchern so oft herangeholt, dass sie zu Eigenem werden mussten, unterscheidbar mir mehr als der Achtzigjährigen.

Tante Huschbahn erinnerte sich also ohne Mühe, erzählte ohne jedes Stocken, ganz frisch, als sei es gestern gewesen, wie Hans Fallada sie nach Neuenhagen gebeten hatte, engagiert per Postkarte, wie sie zu ihrem lustigen Kosenamen gekommen war, weil der kleine Uli das fremde Fräulein nicht hatte richtig anreden können und dass der Schriftsteller unmäßig geraucht hatte beim Diktat. Dazwischen viele Einzelheiten, die sich gut ins Bekannte einfügten, von Falladas dickem Federhalter bis zur Fahrt nach Kölpinsee.

Dann war sie fertig mit ihrem Text - sie atmete tief auf und sagte wie nach vollbrachter Arbeit: „Das wär's also!" Meine Zusatzfragen hatten es schwer - aber ein bisschen kam noch hervor.

Frau Koch merkte vielleicht, dass ich nicht ganz zufrieden war. Jedenfalls sagte sie zum Schluss: „Reicht Ihnen das? Ich sehe, Sie könnten noch mehr vertragen, nicht wahr!"

Ich überlegte, wonach ich sie noch fragen könnte, aber Frau Koch wehrte lächelnd ab: „Sie haben mich schon ausgequetscht wie eine kleine Gurke, der Apparat lief die ganze Zeit?... die ganze Zeit haben Sie mich quatschen lassen? Mehr weiß ich leider nicht, bedenken Sie, die Jahre!"

Und dann holte sie die Briefe, die ich fürs Eichholz erwerben sollte: „Na, viel ist es nicht", bedauerte Frau Koch und setzte entschuldigend hinzu: „Aber ich hab Ihnen ja schon alles berichtet, wie es damals war."

Wir wurden uns schnell einig über den Preis, ich trank meinen kalten Tee aus, steckte die Mappe mit den Blättern ins Köfferchen zum Tonbandgerät und verabschiedete mich. Dann fuhr ich zufrieden nach Hause, hatte ich doch ein gutes Gespräch haben dürfen, nun, gewiss keine Sensationen, aber immerhin, und dazu noch die Briefe. Ich würde sie lesen zur Ergänzung des Interviews, vielleicht nachher gleich.

Dann las ich die Briefe - und die Augen fingen mir zu brennen an, reglos las ich, was da geschrieben stand. Das war nicht ein kleiner, harmloser Alltagskram zwischen Chef und Tippse, das hatte eine immer noch erschreckende Dimension, war tiefvertrauter Meinungsaustausch über Probleme, in die sich Hans Fallada wie viele andere Menschen 1932/33 verstrickt sehen musste. Er hatte sich gegenüber Tante Huschbahn, seiner nur stundenweise verpflichteten Sekretärin, offenbart in den kompliziertesten Zwangslagen, die ein anständiger Schriftsteller damals durchzumachen hatte. Sie war ihm über den kurzen Arbeitskontakt von nur mehreren Wochen zum vertrauenswürdigen Gesprächspartner geworden, und dann hatte sie von ihm schwierige Antwort haben wollen und nicht bekommen. Er ließ sie in seinen Briefen kaum teilnehmen an den Bedrängnissen, die ihn umgaben. Später hatte sich alles wieder zudecken lassen, die kleine Korrespondenz schlief ein, verstummte, wurde vergessen, schließlich auch von Tante Huschbahn selbst.

Und mit der Zeit kam dazu in ihr der Irrtum auf, sie habe das Manuskript von „Kleiner Mann - was nun?" getippt, dabei war es die Filmvorlage zu dem Buch gewesen, was er ihr diktiert hatte. So etwas kann vorkommen, die Jahre, ein ganzes Leben hatte sich dazwischengelegt, da kann in der Rückschau so eine Verwechslung schon passieren, noch erleichtert womöglich durch ein bisschen Stolz.

Dass aber das Eigentliche versunken war, ich begriff es nur mit Mühe. Diese Briefe, irgendwo in die unterste dunkle Lade eines langen Lebens gedrängt, sie hatten die Zeiten überdauert. Aus dem Gedächtnis waren sie entschwunden, ein Bündel vergilbtes Papier, versunken und vergessen beinahe für immer.

Jetzt aber waren sie wieder aufgetaucht, - jetzt müsste man sie lesen können und darüber nachdenken und etwas aufschreiben, es also festhalten - das musste ich jetzt unbedingt tun.

Es waren ja schon einmal vier von den Briefen veröffentlicht worden [7], die Hans Fallada 1932 und 1933 an seine Sekretärin gerichtet hatte. Aber die kleine Korrespondenz war nur als eindimensionaler Vorgang wiedergegeben worden. Daraus ließ sich allzu leicht der Gedanke herleiten, es habe sich dabei nur um einen oberflächlichen Austausch gehandelt: Es ging neben der Schreibarbeit für den Film um Familiäres, um Alltagsfragen, der Umzug nach Berkenbrück wird erwähnt, insgesamt eine Plauderei ohne großen Tiefgang in der kleinen Welt zwischen Chef und Sekretärin, im Ton heiter und stellenweise sogar etwas locker-anzüglich.

Werfen wir allerdings einen genaueren Blick auf diese schmale Korrespondenz von wenigen Karten und Briefen, beziehen wir besonders auch die beiden erhaltenen Antworten von Dora Isbrandt mit ein, so entsteht statt des oben vermuteten Sommerpastells ein ganz anderes Bild: Darin erscheint nicht nur das interessante biographische Detail, sondern die kleinen persönlichen Begebenheiten erhalten vor dem Hintergrund der großen historischen Vorgänge Schärfe und Griffigkeit. Das Familiär-Vertraute dieses Briefwechsels verliert vor dem deutschen Abendhimmel von 1933 jede Leichtigkeit.

Im Frühsommer 1932 hatte Hans Fallada das junge Mädchen als Schreibkraft

engagiert. Die Arbeit begann Ende Mai und dauerte kurze vier Wochen gerade bis in den Sommer hinein. In den wenigen Schreibtagen konnte Fräulein Dora Isbrandt auch zu „Suse" Ditzen und dem zweijährigen Uli herzlichen Familienanschluss finden. Bald hieß die junge Dame an der Schreibmaschine in Neuenhagen nicht Frl. Isbrandt, sondern Tante Huschbahn.
Die kleine Freundschaft zwischen Falladas Sekretärin und den Ditzens endete nicht mit dem kurzzeitigen Arbeitsverhältnis, sie hielt noch ein Weilchen an, bis in die ersten beiden Jahre der Hitlerherrschaft hinein.
In den Briefen und Postkarten, die nun gewechselt wurden und die eine bemerkenswerte Übereinstimmung und Tiefe auch für die Gespräche zwischen Schriftsteller und Sekretärin vermuten lassen, ging es durchaus um Wichtiges, allerdings hauptsächlich um ganz persönliche Angelegenheiten.

Bei der thematischen Vielfalt und trotz des so vertrauten Gesprächsklimas zwischen ihnen kann es nur auf den ersten Blick verwundern, dass in Falladas Briefen an Tante Huschbahn jede Anspielung auf die sich 1932/33 vollziehenden politischen Vorgänge und Veränderungen in Deutschland strikt unterlassen wird.
Mit dem 30. Januar 1933 war in diesem Land die Zeit vorbei, da man auch im verschlossenen Kuvert persönliche Meinungen über das Tagesgeschehen, die von der offiziellen Sicht abwichen, schriftlich mitteilen konnte, Fallada wusste das sicherlich genau, Fräulein Isbrandt war, wie wir sehen werden, nicht ganz so misstrauisch und vorsichtig.

Falladas Sekretärin hatte in Neuenhagen offenbar die freudigen Vorbereitungen auf Ditzens Übersiedlung nach Berkenbrück erlebt. Fallada hatte ihr das noch am 13. Oktober 1932 mitgeteilt: „...Von uns ist zu melden, dass wir mächtig in Umzugsvorbereitungen stecken. ... Wir denken, wir haben da was sehr Hübsches gefunden, 5 Zimmer mit einem großen Garten, Wald und Wasser und Stille, Stille, Stille ..."
Erst ein halbes Jahr später antwortete Tante Huschbahn auf Falladas letzten Brief. Sie meldete sich am 19. Mai 1933 wieder einmal, und da sie nicht wusste, was sich für Hans Fallada und seine Familie inzwischen ereignet hatte, fragte sie gänzlich unbekümmert an: „Und wie geht es Ihnen in Berkenbrück? Ist es nicht jetzt einfach herrlich? Sie müssen sich doch wie im Paradies vorkommen, in einem riesengroßen Garten mit dem Haus am See? Man könnte ja noch so viel aufzählen, aber das ist wohl das wichtigste."

Sie hatte ja keine Ahnung davon, was sich zu Ostern im Rothen Krug Nr. 9 in Berkenbrück zugetragen hatte:

Hier sei das Ereignis, das in jeder Fallada-Biographie ausführlich geschildert wird, nur noch kurz einmal in Stichworten angemerkt: Hans Fallada hatte in Berkenbrück ein größeres Haus mit Garten gefunden, wo er für die Familie und für sein schriftstellerisches Werk bessere Bedingungen zu finden hoffte als in der engen Wohnung in Neuenhagen. Deshalb hatten Ditzens bald die feste Absicht, das Haus Rother Krug Nr. 9 zu kaufen. Aber Fallada wurde von seinem Berkenbrücker Hauswirt Sponar denunziert, er habe Umgang mit Juden, und deshalb wurde der Schriftsteller am Ostersonntag 1933 von der SA verhaftet. Nur durch die Bemühungen Ernst Rowohlts gelang es, Fallada nach fast zweiwöchiger Haft in Fürstenwalde wieder freizubekommen. Die Familie Ditzen kehrte nicht mehr nach Berkenbrück zurück, sondern fand zunächst Unterschlupf in der Berliner Pension Stössinger .

Das alles wusste Frl. Isbrandt nicht, sie glaubte Ditzens in Berkenbrück, sie ahnte auch nichts von den Drangsalen, die Hans Fallada außerdem mit der Verfilmung seines Erfolgsromans hatte durchmachen müssen, und dass er, unter der Belastung all dieser Vorkommnisse zusammengebrochen, gerade jetzt im Mai 1933 in Waldsieversdorf in einer Klinik lag.

Frl. Isbrandt fragte deshalb völlig unbefangen, vielleicht sogar mit ein wenig Sehnsucht, nach dem Familienglück der Ditzens, fragte nach Uli, nach dem Frühling im sonnigen Hausgarten von Berkenbrück, Mai 1933.
Als Fallada diesen Brief endlich bekam, muss für ihn die Wiederbegegnung mit seinen eigenen Glückserwartungen, wie er sie mit Frau und Kind noch vor einem halben Jahr gehegt hatte und wie sie ihm nun aus den Zeilen des Frl. Isbrandt als verlorene Illusion entgegenkamen, schmerzlich gewesen sein. Anderes in dem Brief wird ihn vielleicht noch mehr berührt haben. Sie fragte ihn nämlich auch nach der Verfilmung von „Kleiner Mann - was nun?", an dessen Vorbereitung sie beteiligt gewesen war. Dabei erwähnte Dora Isbrandt die aufkommende Diskriminierung „undeutscher Literatur" und sprach von schwarzen Listen, wovon sie gehört habe. Sie wollte von Fallada wissen, wie es ihm gehe und wie er unter den veränderten politischen Verhältnissen schreiben könne.
An das Ende ihres Briefes setzte sie, Falladas Widerspruch direkt provozierend, hinzu: „Nun aber Schluß. Vielleicht (ach, ganz sicher) interessiert Sie dieser geschriebene Unsinn gar nicht, wo Sie doch so viel Post erhalten werden..."

Die Fragen von Falladas ehemaliger Sekretärin offenbaren nicht nur deren Position gegenüber den neuen Machthabern in Deutschland, sondern auch ein tiefes Vertrauen zu dem Schriftsteller, an dessen ganz ähnlicher innerer Haltung gegen das Regime sie nicht den leisesten Zweifel haben konnte, ja, von dem sie sich sogar helfenden Rat für die ungewisse Zukunft erhoffte. Die wenigen Zeilen umschrieben gleichzeitig ein großes Stück der vielfältigen allgemeinen Not jener Zeit, da sich in Deutschland die Naziherrschaft in allen Lebensbereichen mit Demagogie und Terror durchzusetzen begann, in Kunst und Kultur unter dem Schlagwort der Gleichschaltung.

Aber Hans Fallada antwortete auf diesen suchenden wie teilnehmenden Hilferuf erst am 4. Juli 1933, die von Dora Isbrandt erwünschte Reaktion gab es nicht, Fallada ging auf die hochpolitische Thematik mit keinem direkten Worte ein: „...Sie haben sicher schon alle Hoffnung aufgegeben, auf Ihren Brief vom 19. Mai eine Antwort von uns zu bekommen. Das liegt erstens an den vielerlei Dingen, die wir seitdem erlebt haben..." Tarnende Harmlosigkeit verdeckte dem Außenstehenden die bösen Erfahrungen, die Fallada und seine Familie seit jenem Osterfest 1933 mit der SA gemacht hatte. In seinem Brief steht nur der Satz: „Da wir schon längst nicht mehr in Berkenbrück wohnen..." Der Adressatin wird es beim Betrachten des Briefkopfes gewiss sofort aufgefallen sein: Rudolf Ditzen schrieb aus der Pension Stössinger im Berliner Westen, wo die ganze Familie Zuflucht gefunden hatte. Nähere Einzelheiten darüber erfuhr Dora Isbrandt nicht. Nein, Berkenbrück war kein Paradies geworden, sondern hatte mit Haussuchung und Verhaftung Falladas den Vorgeschmack der Hölle gehabt. Auch die weiteren Mitteilungen in Falladas Brief an Dora Isbrandt sind deshalb alles andere als belanglos, mit dem Wissen um die Katastrophen lesen sich die weiteren Sätze ganz anders: „...da unsere Sachen aber noch dort sind und mit den Sachen Ihre Adresse, habe ich nicht schreiben können. Jetzt habe ich zufällig mein Adressenbuch wieder in die Hände bekommen...".

Fallada teilt im nächsten Brief an Dora Isbrandt, den er am 21. Juli 1933 an sie richtet, nochmals und eine Spur deutlicher werdend mit: „Wenn Sie aber wüssten, in welchem Durcheinander und welchen Sorgen wir in der letzten Zeit gelebt haben ...". Da er allerdings dann auf die Komplikationen von Suses Zwillingsgeburt hinweist, glaubt der nichtwissende Leser nur darin die traurigen Gründe für die Zwangslage der Familie Ditzen zu erkennen. Die ganze Wirklichkeit bleibt kaschiert.
„Wenn Sie einmal Zeit haben, so rufen Sie uns doch unter Oliva 6006 an, und wir werden dann etwas verabreden,... Alles Weitere mündlich..." Dem Briefpapier sind im Deutschland von 1933 deutlichere Offenbarungen nicht mehr anzuvertrauen.

Im Jahre 1934 ist die Verbindung zwischen Hans Fallada und Fräulein Dora

Isbrandt abgebrochen und auch später nie wieder aufgenommen worden. Der letzte Brief vom August 34 liest sich wie ein endgültiger Schlussstrich, Hans Fallada beschreibt darin die Carwitzer Idylle, die kleine Insel, mit der er sich bescheiden wird. „Bei uns geht es ganz gut. Zwar haben wir kein Rittergut, sondern nur, was man hier im Mecklenburgischen eine Büdnerei nennt, ... aber auch auf einer Büdnerei kann man zufrieden und glücklich leben, vielleicht sogar besser als auf einem Rittergut." Dora Isbrandt hatte ihm Fragen gestellt, auf die sie nun keine Antworten mehr erhalten wird.

Erst 60 Jahre später gelang es, der inzwischen 83jährigen Frau Dora Koch, geb. Isbrandt, zu begegnen und von ihrem kurzen Arbeitskontakt mit dem Schriftsteller und dem kleinen, aber aufschlussreichen Briefwechsel zu erfahren; dessen übriggebliebene Bestandteile befinden sich heute im Hans-Fallada-Archiv Carwitz.

Anmerkungen

[1] Irrtümliche Erinnerung, Frl. Isbrandt schrieb am Textbuch für die Verfilmung von „Kleiner Mann - was nun?".
[2] Robert Neppach Film AG
[3] Fortsetzungsabdruck von „Kleiner Mann - was nun?"
in der Vossischen Zeitung vom 20.04. bis 10.06.1932
[4] Aus dem erwähnten Leserbriefwechsel befinden sich 286 Exemplare im Hans-Fallada-Archiv, Carwitz, s. auch: Latzko, B. „Wir werden doch nicht weinen müssen am Ende" - Leserbriefe zu Kleiner Mann - was nun? in: Hans Fallada, Beiträge zu Leben und Werk, Rostock, 1995.
[5] Peter Zingler, Lektor im Rowohlt Verlag, mit Fallada befreundet
[6] Die in Dora Isbrandts Brief angedeuteten Veränderungen im geistig-kulturellen Leben Deutschlands werden in kürzlich erschienenen Memoiren deutlich charakterisiert: „Irgendwann im Sommer erschienen in den Zeitungen eine Liste von 30 oder 40 der bekanntesten wissenschaftlichen und literarischen Namen: Ihre Träger waren zu ‚Volksverrätern' erklärt, ausgebürgert, geächtet. ... wirklich und unheimlich war, dass nun die Bücher aus den Buchhandlungen und Bibliotheken verschwanden. Die lebende deutsche Literatur, so gut oder schlecht sie nun sein mochte, war wegrasiert. Die Bücher des letzten Winters, zu denen man vor April noch nicht gekommen war, würde man nicht mehr lesen. Ein paar Autoren, die man aus irgendeinem Grunde geduldet hatte, standen einsam wie Kegelkönige im Leeren. Im übrigen gab es nur die Klassiker - und eine plötzlich wild aufschießende Blut- und Bodenliteratur von entsetzlicher und beschämender Qualität. Die Bücherfreunde - gewiss nur eine Minderheit in Deutschland, und, wie sie jetzt täglich hören durften, eine höchst unbeachtliche - sahen sich über Nacht ihrer Welt beraubt. Und da man sehr schnell begriffen hatte, dass jeder Beraubte obendrein Gefahr lief, bestraft zu werden, fühlten sie sich sehr eingeschüchtert und schoben ihre Heinrich Manns und Feuchtwangers in die zweite Reihe des Bücherschranks; und wenn sie noch wagten, sich über den letzten Joseph Roth oder Wassermann zu unterhalten, steckten sie die Köpfe zusammen und flüsterten wie Verschwörer."
Haffner, Sebastian: Geschichte eines Deutschen, Erinnerungen 1914 - 1933. Stuttgart München, 2001, S. 182/183.
[7] Lange, S.: Gespräche und Briefe, in: Hans Fallada Jahrbuch Nr. 1. Neubrandenburg, 1995 S. 130 ff.

Isi

Luise Lamp

Luise Borchert (1914), geb. Lamp, war von 1935 bis 1936 bei Ditzens als Haustochter angestellt. In einem Brief hatte Uli Ditzen auf diese Zeitzeugin aufmerksam gemacht, die man befragen müsste. Als der Kontakt erst einmal hergestellt war, war Frau Borchert mit freudigem Interesse bereit, ihre Erlebnisse zu erzählen. Am 2. April 1997 kam es in Rangsdorf zu diesem Gespräch, und sie ergänzte ihre Erinnerungen, als sie wenig später Carwitz noch einmal besuchte.
Frau Borchert lebt heute in Halle/S.

Ich komme ja auch in einigen Büchern von ihm vor

... ich bin aus Warnemünde, bin bei meinen Großeltern aufgewachsen, mein Vater ist noch vor meiner Geburt im Krieg gefallen, meine Mutter arbeitete in Schwerin.

Im Jahre 1934 war ich in einem Kinderheim „Rotkäppchen" für ausländische Kinder tätig. Jeden Tag war ich mit den Kindern am Wasser, wir hatten einen abgegrenzten Strand in Warnemünde. Eines Tages hat mich dort eine Journalistin angesprochen, ihren Namen habe ich leider vergessen. Ich weiß nicht, ob sie Umschau halten sollte, jedenfalls sagte sie, sie hätte mich schon tagelang beobachtet. Ein Schriftsteller, Hans Fallada, suche einen kinderlieben Menschen zur Betreuung seiner Kinder, und sie hätte mich genau beobachtet und dabei festgestellt, dass ich dafür wohl geeignet sei und ob ich das machen wolle.

Am liebsten hätte ich gleich Ja gesagt, aber zu unserer Zeit damals war es nicht möglich, dass man mit 19 Jahren so etwas schon hätte allein entscheiden können. Das sagte ich der Dame, und dann haben wir uns mit meinem Großvater, der mich immer von dem Kinderheim abholte, verabredet. Er hat auf Plattdeutsch gesagt: „Na, dann lat her man doch kumm." Bei der Einladung hat die Journalistin so einen guten Eindruck hinterlassen, dass mein Großvater, der für mich auch alles war, gesagt hat: „Na ja, dann wollen wir es mal versuchen, dann kannst du hinfahren."

Meine Großeltern waren streng dagegen, dass ich Uniform tragen sollte, das sollte ich nicht. Da zu dieser Zeit der Arbeitsdienst[1] einberufen wurde, hat der Großvater vielleicht gedacht, das Landjahr in Carwitz gilt ja auch als Arbeitsdienst, und

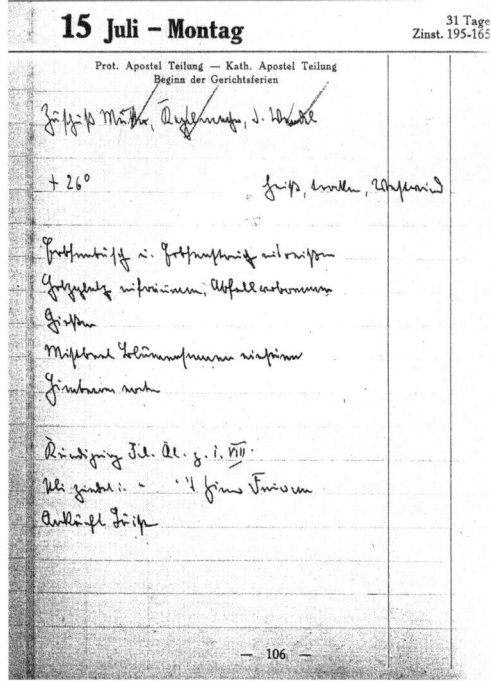

15 Juli – Montag

31 Tage
Zinst. 195-165

Prot. Apostel Teilung — Kath. Apostel Teilung
Beginn der Gerichtsferien

— 106 —

15. Juli 1935, Ankunft Luise

so durfte ich ziehen, und zwar dorthin als Haustochter und nicht zum Arbeitsdienst. Das war im Frühjahr 35. Ich erinnere mich noch genau an den ersten Tag bei Ditzens. Ich fuhr mit dem Zug, musste in Neustrelitz umsteigen und kam dann am Bahnhof Feldberg an. Da stand ein Kutschwagen, ein weißer Schimmel davor, ich wurde abgeholt. Ein Herr Schmidt war der Kutscher, ich seh' ihn noch vor mir mit seinem Hut. Er hat meinen Koffer auf den Wagen gestellt. Als ich dann in Carwitz ausstieg, hatte ich natürlich Herzklopfen, aber da kam die Mummi [2] mir freundlich entgegen, und meine Angst war weg. Wir hatten beide sofort Kontakt zueinander, ich hatte allerdings auch Respekt, wie ich den strengen Hans Fallada sah. Aber auch er war sehr liebenswürdig, und auch später meistens nett zu mir. Wenn auch manchmal sehr wortkarg, hatte er doch ein freundliches Strahlen in seinen Augen. Ich lernte dann Käthi kennen, das war die Nichte von Mummi aus Hamburg, ein großes blondes Mädel. Wir zwei Haustöchter haben uns sehr gut verstanden, unser Zimmer war oben. Die kleine Lore konnte Liesel, wie man mich auch zu Hause genannt hatte, nicht sagen, die sagte Isi, und da legte Fallada fest: Das ist die Isi - und das bleibt die Isi, so war das nun mein Name, und so hat mich mein Mann dann auch genannt.

Zu Tisch saß man im Esszimmer, unten, und während des Sommers aßen wir alle in der Veranda. Kaffee getrunken haben wir auch sehr häufig unten am Carwitzer See, da waren ein runder Tisch und Stühle drum herum, weiß gestrichenes Holzgestühl, ganz in der Nähe des Bootshauses. Im Esszimmer hat Fallada mit dem Blick zur Küche gesessen, Mummi saß vorne, ihm gegenüber, er hat uns genau beobachtet. Es herrschte eine Disziplin, da konnte man gar nicht danebengreifen. In Erinnerung habe ich noch die Maiskolben, ich kannte das nicht. Dass man sie essen konnte, das wusste ich nicht. Es war am Anfang meiner Zeit, ich war vielleicht zwei oder drei Tage da, da wurden Maiskolben in Salzwasser gekocht, und die kamen dann als Vorspeise auf den Tisch. Ich hab dann erst mal geguckt, mein Gott noch mal, wie isst man denn das, was sollst du denn damit anfangen, und dann wurde die Butter draufgeschmiert und dann nahm man das in die Hand. Das war neu für mich. Ich hab eine sehr gute Erziehung zu Hause genossen, und da gab es so etwas nicht, am gedeckten Tisch etwas aus der Hand essen. Aber nun musste ich es nachmachen und war schließlich glücklich, als ich meinen Kolben geschafft hatte. Geschmeckt hat es wunderbar, aber lernen musste man es trotzdem. Ich hab sehr viel gelernt in dieser Zeit in Carwitz.

Als ich dort war, hat nicht Mummi in der Küche gekocht, sondern es war eine Köchin aus Berlin dort, eigenartigerweise wird das nirgends erwähnt. Diese Köchin, die konnte wirklich was, wir haben ihr manches abgesehen, hatten ja neben ihr in der Küche zu tun. Überall im Haus wurden wir eingesetzt, ich hab z.B. auch gebuttert, nur im Stall war ich nicht, das mochte ich nicht. Gebuttert wurde im Keller, es war ein Holzfass, ich hatte noch nie im Leben so etwas gemacht, ich war nachher ganz kreuzlahm. Dann kam die Mummi runter und sagte, dass es nun in Ordnung sei, sie gab mir so eine Schale aus Holz, dann holte Mummi die Butter aus dem Fass und tat sie darein, und ich musste die Butter kneten, das weiß ich heute noch, bis dann wirklich die Butter da war.
Zum Einkaufen sind wir oft in die Stadt gelaufen, da war ein kleines Wäldchen, dann ging der Weg unten am Schmalen Luzin lang. Ich musste mal zum Zahnarzt, das war schrecklich, man ging nicht so gern allein da lang.

Natürlich wusste ich, dass es der Haushalt eines Schriftstellers war. Die Vorarbeiten für sein Bücherschreiben machte er unten, Notizen usw. und wenn es dann wirklich an die tolle Arbeit ging, zog er nach oben. Er ging ins Hofzimmer, das kleinste Zimmer oben, und er schloss sich ein und war einfach nicht da. Aber essen musste er ja schließlich auch, und einer von uns brachte das Essen nach oben. Da war vor der Tür ein kleines Tischchen, wir gingen auf Zehenspitzen, stellten das Tablett hin und brauchten nur einmal so zu machen (leichtes Kratzen an der Tür), das genügte. Kein Rufen oder Klopfen, ansprechen durften wir ihn schon gar nicht, wir stellten das Essen auf das Tischchen und schlichen wieder runter. Wann er sich das dann reingeholt hat, das wussten wir überhaupt nicht, er wollte eben ganz allein sein. Es war schlimm, er arbeitete Tag und Nacht, und die Mummi wusste genau, wie es ausging.

Einmal, es war ganz am Anfang meiner Zeit, da hab ich im Garten mit Uli getollt, Ball gespielt oder an der Schaukel, jedenfalls ging's laut zu. Da hat er mich mal ausgeschimpft, da war es so heftig, dass ich mir sagte: Nein, hier bleib ich nicht, solche Schimpfe, die steckst du nicht ein! Wir mussten dann ganz woanders spielen, er vermochte keine lauten Stimmen zu vertragen. Dieser Mensch, der doch auch sehr gütig war, konnte auch sehr ungerecht sein, das stimmt wirklich, er konnte so liebenswürdig und nett sein, aber dann war er wieder gar nicht zu erkennen. Aber ich habe doch respektiert, dass er seine Ruhe brauchte, wenn er gearbeitet hat, das war uns dann auch in Fleisch und Blut übergegangen.

Ich war also die Isi, aber ihn sprachen wir eigentlich gar nicht an, vielleicht haben wir vom Chef gesprochen, ich weiß es nicht mehr genau. Wir hatten soviel Respekt vor diesem Menschen, er saß ja nur und arbeitete, unten im Zimmer, und dann auch oben. Er schrieb damals „Das Märchen vom Stadtschreiber, der aufs Land flog", was ich von ihm auch mit Widmung habe, da bekamen wir einmal sogar etwas Einblick ins Manuskript. Die Mummi zeigte uns manchmal eine Seite, die sie ihr zur Durchsicht gegeben hatte, und er wollte dann wissen, wie wir es aufnahmen. Da sind wir auch sehr offen gewesen und haben ihm unsere ehrliche Meinung gesagt, und er hat sogar einmal etwas verändert. Das hat er uns jedenfalls mal gesagt. Er legte großen Wert auf solche Äußerungen von uns, das hat er mehrfach ausgesprochen.

Ich komme ja auch in einigen Büchern von ihm vor, da ist vor allem eine Episode mit Uli. Der war ja nicht ganz so einfach als Kind, der konnte sogar sehr böse werden, wenn er irgendwas wollte, musste er mit dem Kopf durch die Wand. Das war auch mit seinem Vater so, und da hab ich Hans Fallada nur bewundert, was der für eine Geduld hatte mit seinem Uli. Die Köchin, die nie erwähnt wurde, hatte Pudding gekocht, und der liebe Uli, der naschte so gerne die Töpfe aus. Irgendwas war ihm gegen den Strich gegangen, er lief aus der Küche raus, und da haben Käthi und ich uns über den Topf hergemacht. Als Uli wieder reinkam und den Topf nicht mehr fand, da hat er ein Riesenspektakel gemacht, wie man ihm das wegnehmen konnte. Das ist auch in einem Buch drin.[3]
Es kamen viele Besucher zu Ditzens, Freunde und Leute aus Berlin, vom Verlag usw. Ich erinnere mich am besten an Rowohlt, er war ein ganz natürlicher Mensch, ich seh ihn direkt vor mir, groß, dick. Wir waren auch öfter in Berlin bei ihm, ich kenne sogar sein Arbeitszimmer, ich war ja aus der Provinz, und da war ich so überrascht von seinem Arbeitszimmer, für immer hab ich es im Gedächtnis: eine Riesencouch, ein riesengroßes, breites Ding, und sonst nur Bücher, Bücher, Bücher, überall, und er mitten drin. Ich weiß nicht mehr, was ich da eigentlich sollte, ich hatte irgendeinen Auftrag. Er war im Umgang ganz ulkig,

er wollte mich gerne als Hausdame haben, wie er dann hörte, ich fahre zurück nach Carwitz, passte ihm das gar nicht. Ich erinnere mich auch an Felix Riemkasten [4] in Carwitz, den hab ich dort gesehen, das war so ein hagerer Mensch, dann natürlich Mathias Wieman [5], der war mehrmals zu Besuch da, aber mit den Gästen kamen wir eigentlich nicht in Berührung.

Viel Spaß gab es im Sommer am Sprungbrett, wo man da springen und schwimmen konnte. Er ist aber nicht gesprungen, ihn haben wir nicht auf dem Sprungbrett gesehen, er ist mehr geschwommen. Gleich daneben war das Boothaus, sehr schön mit zwei Pferdeköpfen und Strohdach.

Das Boot darin hatte einen Außenbordmotor, und natürlich war es besonders beliebt bei uns, wenn wir damit losfuhren, wir sind mit dem Boot alle Seen abgefahren, über den Schmalen Luzin, den Dreetz. Fast jeden Sonntag, wenn das Wetter entsprechend war, fuhren wir auf die Pferdekoppeln. Wir hatten große geflochtene Körbe, so ovale Körbe, Schwester Sophie war stets dabei und Käthi, Uli, und auf den Pferdekoppeln waren so viele Wiesenchampignons, ganze Körbe voll haben wir gesammelt. Am Abend, wenn alles ruhig war, die Kinder schliefen längst, haben wir im Arbeitszimmer gesessen in der Ecke auf dem Sofa, da war ein runder Tisch und ein oder zwei Sessel. Jedenfalls saßen wir dann da, die Mummi, Sophie, Käthi und ich und hatten Schüsseln vor uns und haben die Champignons saubergemacht, und die Mummi hat in derselben Nacht noch Champignonextrakt gemacht, so große Gläser. Hans Fallada ließ uns bei dieser Arbeit nicht allein, er saß an seinem Schreibtisch, Schreibmaschine weg, und hat uns entweder vorgelesen, was er sehr gut konnte, oder manchmal hat er sogar schöne Plattenmusik gemacht, das waren ganz romantische schöne Abende, die ich nicht missen möchte.

Zur Herbstzeit haben wir auch sehr oft in den Wäldern Pilze gesucht, besonders Steinpilze. Ich hatte immer das „Glück", ganz madige Steinpilze zu finden, und darüber freute er sich, denn da konnte er mich so richtig aufziehen. Das machte er gern, aber immer in netter Form. Fallada musste viel laufen und unterwegs sein, den Wald liebte er sehr.

Wir haben uns bei Ditzens auch über unsere Angehörigen unterhalten, z.B. abends beim Pilze putzen. Da hatte ich erzählt, dass meine Omi Veilchen und rote Rosen so sehr liebt, das hat er sich behalten. Als meine Omi ganz plötzlich mit 65 Jahren verstarb, es war für mich der erste Todesfall in der Familie, konnte von Ditzens niemand zur Beerdigung nach Warnemünde kommen. Aber Käthis Bruder, der in Rostock Medizin studierte, der wurde von Hans Fallada beauftragt, an der Feier teilzunehmen. Er kam mit einem Kranz an, nicht riesengroß, ich seh ihn heut noch vor mir, mit blauen Veilchen und in der Mitte fünf dunkelrote Rosen. Das werd ich nie vergessen, diese Aufmerksamkeit hat rich-

Isi, Anna Ditzen und Uli, 1935

tig beglückt bei aller Trauer. So waren Ditzens, und deshalb kann ich nie verstehen, was man heute so über ihn sagt, der habe doch nur getrunken und Drogen genommen!

Auf dem Hof gab es viele Tiere, den Schimmel natürlich, die Kuh, ich erinnere mich an die Schweine im Stall, an Hühner und Katzen, und der Hund Plisch war da.

Ditzens hatten drei Landarbeiter bei sich angestellt, es gab viel Arbeit auf dem Acker, dem Kohlfeld, dem Kartoffelfeld. Fallada hat jeden Morgen genau geguckt, dass die drei auch pünktlich angefangen haben, Herr Schmidt kam immer mit Hut, Herr Lewerenz war schon älter, und den dritten weiß ich nicht mehr. Es war Erntezeit, die drei Männer waren auf dem Feld, es war niemand außer uns da, der fahren konnte, Fallada sagte: „Was machen wir bloß, in Feldberg brauchen sie den Weißkohl!" „Ach", sagten wir, „das schaffen wir schon." Also wurde der Wagen mit dem Weißkohl beladen, und wir zuckelten los. Es ging auch alles gut, wir lieferten den Kohl ab, alles war bald erledigt, dann ging's auf die Rückfahrt. Mal kutschierte Käthi, mal ich, wir wechselten uns ab, hielten noch hier und dort an, hatten noch irgendwelche kleineren Besorgungen. Bis zur

Hälfte schafften wir den Rückweg nach Carwitz auch wunderbar, plötzlich blieb der Schimmel stehen und rührte sich nicht vom Fleck. Käthi runter vom Wagen, nahm die Zügel, wollte ihn führen, es ging nicht. Ich hab es versucht, gestreichelt, gut zugeredet, nichts zu machen, das Vieh ging nicht weiter. Das muss Hans Fallada wohl geahnt haben, mindestens befürchtet, denn auf halbem Weg kam er uns mit dem Fahrrad entgegen, und da lief der Gaul von allein. Wir haben uns nur angesehen. Wir hatten ja vorher richtige Angst gehabt, wie kommen wir denn jetzt nach Hause, was werden die denn denken, wenn wir nicht kommen, sie erwarteten uns doch. Aber so war der Schimmel: Als Fallada auftauchte, lief er wie von selbst weiter, als ob nichts gewesen wäre. Da haben alle gestaunt.

Käthi, Isi, Uli und der Apfelschimmel

Wenn Ditzens verreisten, kam eine Taxe, die brachte sie bis Neustrelitz, und von dort aus sind sie dann mit dem Zug weiter nach Berlin oder sonst wohin.
Im Herbst 1935 waren Mummi und ihr Mann wieder mal in Berlin, die Kinder hatten sie auch mit, so blieb ich allein im Haus und betreute nun die drei Männer, die Hofarbeiter. Es war die Pflaumenzeit, und es gab in diesem Jahr so viele Pflaumen, o Gott! Ich hatte außerdem keine Ahnung, wie man die einkocht. In meiner Not hab ich Herrn Schmidt gefragt, das war immer so ein bisschen ein Vertrauter von mir: „Herr Schmidt, was mach ich bloß mit den Pflau-

men?" „Och, ik bring min Fru mit, und die helpt denn schon." Frau Schmidt war so eine Dicke, aber ein Gemütsmensch, und die hat mir geholfen. Ich musste die Gläser saubermachen, dann wurden die Pflaumen gewaschen und eingekocht, und wir hatten schließlich ein ganzes Regal im Keller voller Gläser mit Pflaumen. Ditzens kamen zurück, und der erste Weg von Mummi und Hans Fallada war in den Keller. Als sie die Gläser voller Pflaumen sahen, da haben die sich so gefreut, dass ich hab nichts verderben lassen, obgleich sie wussten, dass ich das doch eigentlich nicht gekonnt hatte. Ich musste berichten und hab von meiner großen Hilfe erzählt, die waren so richtig glücklich. Ich bekam sogar ein Geschenk dafür, aber ich weiß heute nicht mehr, was es war.

Ditzens waren überhaupt sehr aufmerksam und hilfsbereit, besonders die Mummi war deshalb beliebt. Wenn in Carwitz eine Geburt war, hat die Mummi Suppe gekocht, ein Henkelkörbchen genommen, den Suppentopf reingetan, und dann ist sie hingegangen, das Dorf war ja arm! Sie hat sogar die Kinder gewickelt, wenn die Wöchnerin noch gar zu schwach war, so war die Mummi, sie war ein Engel, wenn ich so sagen darf, das war sie wirklich.

Ein großes Erlebnis auf dem Hof war das Schweineschlachten, da bin ich weg-

Schweineschlachten

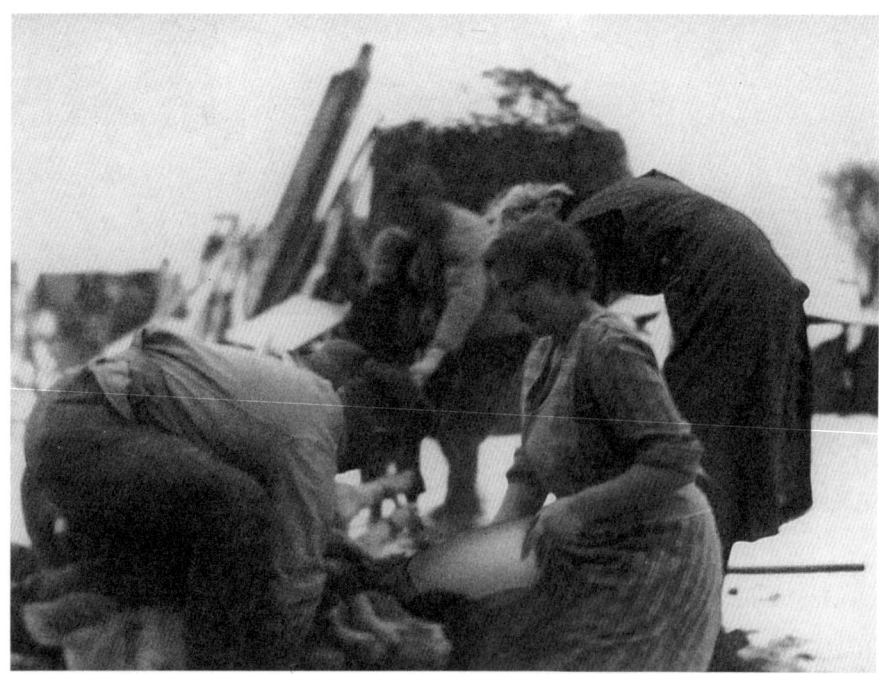

gelaufen. Ich kann so was nicht sehen, das war früher schon so, Gewalt ist immer grauenhaft für mich. Ditzen verlangte: „Isi, dieses Mal bleiben Sie hier zum Schweineschlachten!" Aber Uli mochte es auch nicht, da haben wir beide uns verständigt: Wir gehen erst mal ein Stück spazieren, bis dahin ist das Schwein abgemurkst, nachher, das war nicht so schlimm. Wir sind tatsächlich beide losgelaufen, Uli und ich, um nicht zu sehen, wie das Schwein tot gestochen wurde, das Blut überall, das konnte ich nicht mit ansehen. Als wir dann zurückkamen, hat er uns strafend angeguckt, aber gesagt hat er nichts. Ein Schlachter war da, der das Schwein dann zerteilte, und auch diese Köchin half, es war eine sehr sympathische alte Dame. Und Hans Fallada war überall dabei. Er war ja sehr genau.

So war das auch bei dem bekannten sonntäglichen Wiegen. Grammweise wurde alles genau vermerkt, Käthi und ich haben oft Leo-Pillen geschluckt vorher, damit wir etwas weniger hatten, und er hat sich gefreut, wenn wir nur ein paar Gramm zugenommen hatten, meistens hatten wir zugenommen.

Besonders schön war die Vorweihnachtszeit, unten das Kinderzimmer war das Spielzimmer, vor dem Fenster waren zwei Blautannen. Im Winter mussten wir halbierte Kokosschalen ausfüllen mit Rindertalg und Körnern für die Vögel. In die Kokosschalen wurden Fäden eingezogen, dann wurden sie an die Bäume gehängt. Jeden Morgen, wenn die Kinder aufstanden, war der erste Blick aus dem Fenster, ob Vögel da waren.[6] Es waren immer welche da, Meisen, Spatzen, es waren wahnsinnig viel Vögel da. Und dazu mussten wir den Kindern Geschichten erzählen und immer neu erfinden, das war ganz schön schwer, doch Hans Fallada verlangte es von uns.

Vor Weihnachten war dann der Einkauf in Berlin, wir sind nach Berlin gefahren, Fallada, die Mummi, die Kinder und ich. Wir wohnten in der Pension Stössinger[7], Lietzenburger Straße, und dort in der Gegend am Kudamm haben wir dann versucht, Weihnachtseinkäufe zu machen. Es waren da herrliche Passagen, wo man z.B. chinesische Seide kaufen konnte und so wunderschöne Sachen. Ich war so närrisch auf einen japanischen Morgenrock und blieb davor immer stehen, aber da war nichts zu machen. Ich bekam damals einen sehr schönen Stoff geschenkt von Ditzens, ich durfte ihn mir selber aussuchen, die ganze Atmosphäre des Einkaufens war einfach wunderbar. Und doch gab es für mich eine Aufregung: Wir standen da vor den Schaufenstern am Kurfürstendamm, und plötzlich hatte Hans Fallada die Idee, mit seiner Mummi alleine weiterzugehen, vielleicht noch für die Kinder Geschenke zu kaufen. So bekam ich plötzlich ein 5-Markstück in die Hand gedrückt: „So, Isi, wir sehen uns noch ein bisschen allein um, Sie gehen inzwischen mit den Kindern zurück in die Pension!" Dabei war ich doch völlig unkundig in der großen Stadt. Er stand auf der anderen Straßenseite mit der Mummi und hat mich beobachtet und sich bestimmt gefragt: Na, was macht sie denn nun mit den zwei Kindern an der Hand? Der Uli war fünf Jahre alt und die kleine Lore erst zweieinhalb Jahre und ganz klein. Die Isi war aber gar nicht so dumm und dachte: Hinlaufen, das findest du nie, also hab ich eine Taxe gerufen und bin mit der Taxe in die Pension gefahren, und das hat ihm imponiert, dass man so schnell schaltet und sich zu helfen weiß. Wenn es eine Aufgabe war, so hatte ich sie gut gelöst und kriegte auch ein ganz großes Lob von ihm.

Der Heilige Abend dann war wunderschön, ein herrlicher Baum unten im Arbeitszimmer, riesengroß stand er zwischen den Fenstern, alle Geschenke waren sehr liebevoll und herzlich eingepackt, von der Mummi. Es war wie überall sonst, ein Gedicht musste Uli nicht hersagen, ein Weihnachtsmann kam nicht, aber die üblichen Weihnachtslieder wurden gesungen.
Ich war nun schon seit dem Frühjahr in Carwitz, längst hatte ich auch Beziehungen zu den Leuten im Dorf. Ich erinnere mich an die Silvesterfeier 1935/36. Die ganze Familie ging Silvester in den Dorfkrug, die Mummi, Hans Fallada, Schwester Sophie, Käthi und ich. Und wir drei Mädels, wir waren ja nun Stadtmenschen. Die männliche Dorfjugend, die hat mit uns getanzt, wir hatten Blasen an den Füßen. Wir konnten nicht mehr, am nächsten Tag konnten wir kaum noch laufen, so taten uns die Beine weh. Aber die Dorfdamen, die waren sehr böse auf uns, denn wir nahmen ihnen ja die Männer weg, ohne dass wir es wollten. Nachts um 12.00 Uhr, Silvester 35/36, sind wir dann ins Dorf raus. Der Glockenstuhl stand ja schon damals neben der Kirche. Schwester Sophie und ich haben die Glocken gezogen, und wir kamen uns dabei vor, als ob wir in den Himmel flogen. Dabei waren wir die kleinsten, die Käthi war viel größer als wir, doch wir mussten die Glocken ziehen. Es war etwas Erhabenes für mich, das ich nie vergessen werde.

Hans Fallada war jedoch auch zu meiner Zeit schon manchmal krank, wenn ich auch der Meinung bin, dass ich die schönste Zeit in Carwitz miterlebt habe. Er kam bei solchen Zusammenbrüchen nach Zepernick zur Heilkur, und einmal haben wir ihn dort besucht. Anschließend fuhr Mummi mit mir nach Berlin, um noch Besorgungen zu erledigen, und da ist sie mit mir mal ausgegangen ins Marmorhaus [8], zum ersten Mal habe ich einen Abendrock gehabt und eine weiße Bluse mit gestickten Röschen am Kragen, ich trug damals einen Mittelscheitel und einen glatten Nackenknoten, und da war sie ganz stolz auf mich.

Aber die Krankheitstage waren schlimm. Einmal haben wir so einen Anfall miterlebt, wir haben in der Tür zum Schlafzimmer gestanden und konnten es nicht fassen, was wir sahen. Schwester Sophie war mit ihm schon beschäftigt, sie hat ihn ganz und gar eingewickelt mit feuchten Umschlägen, ganz eingewickelt, damit er dann schlafen konnte. Er ist dann wieder nach Zepernick gebracht worden zur Behandlung. Käthi hatte mit meinem Vetter Herrmann eine Schreibfreundschaft, und sie hatte das meinem Vetter geschrieben und dass der Gesundheitszustand von Fallada nicht in Ordnung war. Auf die Weise haben es meine Großeltern erfahren, und das hat ihnen wehgetan und Sorgen bereitet. Da haben sie mich nach Hause gerufen, und ich musste Ade sagen, was mir sehr schwergefallen ist. Schon nach einem Jahr, 1936 bin ich weg, ich bin sehr unglücklich gewesen, wie ich aus Carwitz weg musste.

Widmung Hans Falladas in einem Buch für Isi

Prot. Wigand — Kath. Felix

Wetter wie vorher

*Rüben fertig verzogen, angefangen
zu hacken.
i. Garten gejätet a Wege saube
gemacht, Bohnen a. Anker gela.*

*Lewerenz gekündigt
Isi abgegangen*

Übertragung Wetter nachtragen.

Anna Ditzens Eintragung: Isi abgegangen, 30. 5. 1936

ÜBER LUISE LAMP:

Die Saison kam hier dazwischen und überhaupt sind Hausangestellte fast gar nicht zu bekommen. Montag aber kommt nun eine Haustochter aus Rügen, hoffentlich schlägt sie ein. Der Haushalt ist doch zu groß, zwei können ihn unmöglich schaffen, und Suse kann ja nur Gastspiele geben. Im vorigen Jahr dachten wir: im nächsten wird uns der Garten aber nicht so viel Mühe machen. (Weil dann alles schon eingerichtet ist, das Unkraut schwächer, die Steine seltener). Aber es ist noch viel mehr zu tun, denn wir haben ja zwei Gartenmädchen weniger als im Vorjahr!
12.7. 1935 an die Eltern

Wir haben unterdes auch eine neue Haustochter bekommen, Luise Lamp aus Warnemünde, 20 Jahre alt, sie scheint gut einzuschlagen. Damit Suse aber keine Erleichterung hat, hat uns gestern Frl. Kluge verlassen - auf unsere Kündigung hin. Sie hatte nie mit Uli gut auskommen können, nahm jede seiner Frechheiten tragisch und war dann tagelang todbeleidigt. Das hat sich eben immer mehr zugespitzt...
1.8.1935 an die Eltern

Die jungen Mädchen machen sich ausgezeichnet, sind sehr vergnügt, und haben uns sogar gebeten, vorläufig keine Dritte zu nehmen, da sie so gut Hand in Hand und mit Suse zusammenarbeiten. Es geht alles auch sehr gut, Suse macht es auch viel Spaß, nach nun bald drei Jahren wieder allein zu kochen, sich um alles zu kümmern. Ob es auf die Dauer gehen wird, wissen wir noch nicht. Schließlich muß Suse ja noch für andere Dinge Zeit haben. Aber vorläufig ist es reizend, überall Lachen und Fidelität, und geschafft wird alles sogar besser als vorher.
12.8. 1935 an die Eltern

Wir sind ganz glücklich, wieder hier zu sein. Die Männer und Luise hatten zu unserem Empfang alles so hübsch gemacht, in der Wohnung blitzte nur alles so, und der Hof und um das Haus war alles geharkt. Garten und Stall in musterhafter Ordnung - eine Wonne!
6.9. 1935 an die Eltern

Gestern nachmittag aber ist erst unsere Haustochter Isi, die über eine Woche fort war, wiedergekommen (ihre Groß- und eigentliche Pflegemutter ist gestorben) und Suse möchte nun gerne den Haushalt erst einmal in Ordnung haben.
30.10. 1935 an die Eltern

Der Haushalt läuft ausgezeichnet weiter mit den beiden jungen Mädchen. Jetzt ist schon wieder etwas Zeit zum Stopfen und Flicken, da sitzt denn abends alles in meinem Zimmer, das Radio geht, oder das Grammophon, ich habe mein Tagewerk hinter mir (ich arbeite nur noch am Tage) und es ist gemütlich.
5.11. 1935 an die Eltern

Die Haustöchter bleiben noch lange bei uns, sie sind nicht nur für das sogenannte Landjahr verpflichtet. Ab 1. Februar werden wir übrigens noch eine Dritte dazubekommen, es ist doch zu viel Arbeit im Hause, und Suse möchte möglichst viel Zeit für mich haben.
19.1.1936 an die Eltern

Morgen kommt nun die Neue. Wir graulen uns wieder mal ein bißchen, ob sie auch zu uns passen wird. Nun wir sind fest entschlossen, wenn nein, keine langen Umstände zu machen und uns zu trennen.
14.2.1936 an die Eltern

Suse ist grad beim Waschen, mit ihren drei Haustöchtern, ich werde ihr diesen Brief aber noch zur Genehmigung vorlegen. Nicht aber zur Unterschrift, dies ist der Tag, an dem sie alles naß macht. Die dritte Haustochter scheint ganz nett zu sein, wir wollen abwarten. Wichtig ist vor allem natürlich, daß die beiden Eingewöhnten und das fremde Hühnchen (sich) nicht zu sehr zupfen.
17.2.1936 an Familie Hörig

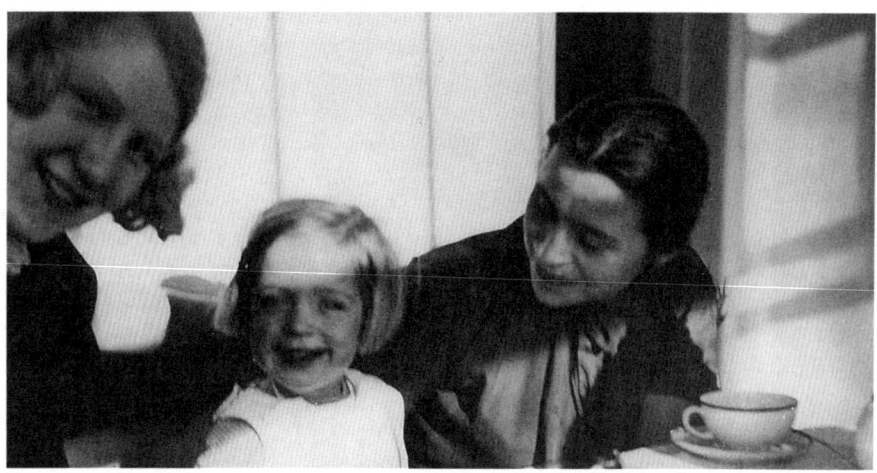

Käthi, Mücke, Isi, 1935/36

LITERARISCHE SPUREN:

Erst nach dem Kakaotrinken am Nachmittag - es dämmerte schon wieder - fand Thomas Zeit und Lust, der Küche einen längeren Besuch abzustatten.
Seltsames, unbegreifliches Tun der Frauen! Haustochter Isi hatte einen Haufen alter Speckschwarten vor sich, piekte in jede ein Loch und zog säuberlich einen Bindfaden hindurch, an den sie sorgsam eine Schlinge machte. Haustochter Käti stand am Herd und briet etwas, und die Mutti hatte alle Kokosschalen

Illustration zu: „Die verlorenen Grünfinken"
Alfred Kubin, 1935

vor sich stehen und füllte sie aus einer Tüte und der Bratpfanne Kätis.
Aus: „Die verlorenen Grünfinken", In: Die Dame, Jg.62 (1935) S. 25

Wenig später wurde er sich bewusst, dass er nicht mehr rechnete, sondern auf einen Dialog in der Küche lauschte, auf einen Dialog zwischen seinem Sohn Thomas und seiner Haustochter Käti. Die helle Stimme des Jungen klang so verbockt-streitsüchtig-weinerlich wie nur möglich, und auch Kätis Stimme war eine rechte Portion Ärger beigemengt.
„Tom, lass das!"
„Kääääti!" - Gib - es - mir- wieder!"
„Du sollst mich nicht hauen, Tom!"
„Aber ich will es wiiiiiiederhaaaaben!"
„Es ist doch nicht mehr da. Tom?"
„Mach es wieder da, Kääti!"
„Das kann ich doch nicht, Tom. Geh jetzt aus der Küche, ich muss arbeiten."
„Erst gib es mir wiiieder?"
„Lass jetzt das Hauen sein, Tom, sonst..."
„Mutti hat es mir gegeben, ich will es wiederhaben."
Mit einem Ruck erhob sich Herr Rogge. Der quengelige, nicht nachlassende Ton

Käthi, Mücke, Isi, Uli, 1935/36

seines Sohnes hatte etwas vom Bohrer des Zahnarztes - es war ihm nicht zu widerstehen. Aus mancherlei Erfahrungen zwar wusste Herr Rogge, dass es besser sei, den Sohn seine Streitigkeiten allein ausfechten zu lassen, trotzdem ging er durch das Esszimmer in die Küche. „Was ist denn hier wieder los?" fragte er.

Thomas stand am Küchentisch und sah mit dem mürrischsten, zänkischsten Gesicht auf die große Haustochter Käti, die ihn nicht eben billigend berachtete. „Nun, was ist, Thomas?" fragte der Vater noch einmal aufmunternd. Aber Thomas wollte nicht antworten, er sah verdrossen seinen blaugrauen gestrickten Pullover an.

„Dann muss ich Käti fragen. Käti erzählt es mir", sagte der Vater mahnend.

„Olle Käti! Olle Isi!" sagte der Sohn grollend und schwieg wieder.

„Gar nicht so oll", sagte der Vater lächelnd und wandte sich an die Sechzehnjährige. „Nun, Käti, erzähl du!"

Käti berichtete, dass die Mutti einen Pudding gekocht und den Topf dem Thomas zum Auslecken gegeben habe. Aber der Thomas habe den Pudding gewollt und nicht den Schlecktopf, und als er den Pudding nicht bekam, habe er auch den Schlecktopf nicht gewollt. Da hätten sie und Isi sich jede einen Löffel voll aus dem Topf zusammengekratzt - es sei aber noch genug darin -, und jetzt verlange der Tom, dass sie das doch schon Gegessene wieder in den Topf täten, denn es sei sein...

Der Vater sah Käti an, dann den Topf, dann den Sohn.

„Nimm Topf und Löffel, Thomas", sagte er. „Es ist noch sehr viel guter Pudding drin."

„Erst soll Käti meines wieder reintun", sagte der Sohn beharrlich.

„Du willst nicht-?" fragte der Vater.

„Erst soll..."

Der Vater nahm den Sohn am Ohr, Tom hielt mäuschenstill; er führte den Sohn - am Ohr - durch Esszimmer und Veranda in den Garten.

„Hier, mein Sohn, spiele, und komm mir nicht wieder ins Haus, ehe du nicht anderer Stimmung bist."

Aus: „Häusliches Zwischenspiel", In: Die Woche, Jg.38 (1936) [2]

LESESTUNDE

Jeden Freitag um 20.00 Uhr wird im Fallada-Haus vorgelesen. Wir nennen das „Carwitzer Lesestunde". Die Leute kommen pünktlich, sie wissen, dass es um 20.00 Uhr anfängt - und der Veranstaltungstitel ist wörtlich gemeint, um 21.00 Uhr ist das Programm zu Ende. Fallada war in Terminsachen und Uhrzeiten manchmal übergenau, was festgelegt ist, muss eingehalten werden, das war Gesetz bei ihm. Wir wollen uns dem nicht ganz entziehen, wollen exakt sein wie der berühmte Hausherr von einst! Pedantisch sind wir nicht, aber es ist ein kleiner Triumph, wenn ich nach dem letzten Satz das Buch zuschlage, im Beifall auf die Uhr schaue und meinen Zuhörern dann verkünden kann: „Es ist 21 Uhr Null - ich wünsche Ihnen einen schönen Abend und guten Nachhauseweg!" Manchmal klappt es auf den Punkt genau!
Lesestunde - immer ist es etwas aus Falladas Büchern, ein Romananfang, der zum Weiterlesen treibt, eine besonders spannende Erzählung, oft auch etwas zum Lachen. Fallada hat viel geschrieben, die unterschiedlichsten Sachen - ich habe mit der Auswahl kaum Probleme, mein Programmzettel ist abwechslungsreich. Die Leute haben Urlaub, sie sollen unterhalten sein. Wiederholungen gibt es kaum - fast immer wieder ein anderer Text!

Luise Borchert, geb. Lamp, 1997

Genau eine Woche vorher hänge ich die Ankündigung in den Schaukasten. „Glück aus Leder, Lack und Stahl", das Autokapitel von 1938 sollte es diesmal sein - das gefällt den Gästen, da bin ich sicher. Fallada hatte weder Führerschein noch Ahnung von Motor und Reifenwechsel, jeder vor mir auf den Stuhlreihen weiß mehr, als er davon wusste, fühlt sich also überlegen. Was dem geschah, na, das kann mir doch nicht passieren!

So sicher ich mir meines Leseerfolges auch immer bin, am Donnerstag tat ich etwas, was bisher nicht vorkam bei der Carwitzer Lesestunde: Ich musste mein Programm umstoßen, ein anderes Thema nehmen, keine Frage - es musste einfach sein.
Früh hatte das Telefon geklingelt, eine Frauenstimme meldete sich: „Ich rufe aus Rangsdorf an, wir wollen Sie im Carwitzer Fallada-Haus am kommenden Wochenende besuchen, meine Mutter und ich." „Ja, kommen Sie nur, wir freuen uns auf Sie", und ich sagte der Dame die Öffnungszeiten an. Aber sie fragte weiter: „Kann man denn bei Ihnen ein Zimmer haben?" „Nein, leider nicht, wir sind ja ein Museum, Gästezimmer haben wir nicht." „Aber im Dorf finden wir doch sicher ein Quartier, nicht wahr?" Und wie um den Wunsch zu bekräftigen: „Meine Mutter war nämlich 1935 bei Ditzens als Haustochter beschäftigt, sie würde sehr gern alles nochmals wiedersehen, es ist ja mehr als sechzig Jahre her."
1935 - Haustochter bei Ditzens? „Wie heißt denn Ihre Mutter mit Vornamen?" fragte ich zurück, denn ich kenne die meisten Angestellten nur so, wie man sie damals rief, und das war bei Ditzens Haustöchtern nur selten der Familienname, sie hießen vielmehr Lilo und Tütchen, Urselchen und Friedel und Käthi. „Meine Mutter heißt Luise." „Luise? - dann muss es die Isi sein!" „Ja, das ist sie, sie wird sich freuen, wenn Sie so gut Bescheid wissen."
Ich fragte am Telefon nach der genauen Uhrzeit ihres Eintreffens. „Wir kommen am Freitagabend, können wir uns da schon sehen?" „Am Freitag ist hier Lesestunde, um 20.00 Uhr." „Das ist doch schön, daran nehmen wir sehr gern teil, was gibt es denn? Fallada? Na, das ist doch wunderbar, das wird gleich eine schöne Einstimmung für meine Mutter."
Eine halbes Stündchen später befestigte ich den veränderten Aushang im Kasten an der Museumstür:
„ ‚Häusliches Zwischenspiel' und ‚Die verlorenen Grünfinken' - Begebenheiten in Carwitz aus dem Jahre 1935" - so stand es nun auf dem Programm. Dass ich am Ende einen Gast präsentieren würde, der damals dabei gewesen war, ja sogar in den Geschichten vorkommt, das schrieb ich nicht aufs Plakat.

Ach, war das eine Carwitzer Lesestunde! Nicht so wie jede andere - von wegen 21.00 Uhr Null! Stunde ist ja völlig falsch, aus der Lesestunde wurde ein Erzähl-

Gespräch in Rangsdorf, 1997

abend und dauerte etwas länger, war nicht gerade pünktlich zu Ende! Aber die Leute fragten und fragten, und was sie auch alles wissen wollten, Isi wusste noch so viel von damals und lachte übers ganze Gesicht und gab so freundliche Auskunft, dass erst mal an Schluss nicht zu denken war. Es war ein herrliches Gespräch, die Leute werden den Abend nicht so leicht vergessen haben und Isi, da bin ich absolut sicher, Isi auch nicht, von mir ganz zu schweigen.

Anmerkungen

[1] Reichsarbeitsdienst (RAD) faschistische Zwangsorganisation zur sechsmonatigen Arbeitsdienstpflicht, 1935 eingeführt
[2] Mummi, so wurde (und wird heute noch) Anna Ditzen von den Kindern und z.T. auch den Haustöchtern genannt.
[3] s. Häusliches Zwischenspiel in: Fallada, Hans: Hoppelpoppel - wo bist du? Kindergeschichten. - Leipzig: Philipp Reclam jun., o.J., S. 15. ff.
[4] Felix Riemkasten, Schriftsteller und Kritiker, bekannte sich im Nachwort zu „Hoppelpoppel - wo bist du?" zu Hans Fallada.
[5] Mathias Wieman (1902-1969), Schauspieler, mit Hans Fallada befreundet, besuchte mehrmals Carwitz.
[6] s. Die verlorenen Grünfinken in: Fallada, Hans: Hoppelpoppel - wo bist du? Kindergeschichten. - Leipzig: Philipp Reclam jun., o.J., S. 44. ff.
[7] Pension Stössinger, Berlin W 15, Lietzenburger Straße 48, von Ditzens bzw. Hans Fallada häufig bewohnte Berliner Pension
[8] Marmorhaus, ein bekanntes Filmtheater am Kurfürstendamm in Berlin, das im Jahre 2001 geschlossen wurde

Schwester Sophie

Sophie Zickermann

Sophie Baumgarten (1907 - 1996), geb. Zickermann, hat als Krankenschwester seit 1935 Fallada gepflegt und von dieser Zeit an enge freundschaftliche Beziehungen zu Familie Ditzen gehabt.
Am Rande der Feierlichkeiten zu Falladas 100. Geburtstag stellte Uli Ditzen Sophie Baumgarten mit den Worten vor: „Die müssen Sie fragen, die weiß noch ganz viel von damals!"
Frau Baumgarten lebte bis zu ihrem Tode in Berlin-Dahlem.

Im Dorf war ich bald bekannt wie'n bunter Hund

Ich habe Hans Fallada in Zepernick kennen gelernt, er war mein Patient. Er war ein sehr schwieriger Patient damals, wie ich ihn das erste Mal übernahm, da war er so fertig, dass man ihn behandeln musste wie ein rohes Ei.

Ich kann mich sehr schnell auf Menschen einstellen, hier wusste ich auch, dass ich 'ne irre Verantwortung hatte, Fallada war meine erste Privatpflege, ich war ja gerade erst fertig mit der Ausbildung.

Sicherlich war ich eine gute Fachkraft, es gibt ja noch ein Zeugnis von Burlage[1], wo er eben auch meinen persönlichen Einsatz erwähnt, da ist das von Fallada ganz kümmerlich dagegen.

Fallada war Patient im Heidehaus in Zepernick, das war die Klinik von Burlage, seinem Schulfreund. Am ersten Morgen hat er mich so begrüßt: „Guten Morgen, haben Sie gut geschlafen, hatten Sie schon Stuhlgang?" Als ob die Schwester gefragt hätte, und mir war alles piepe, weil ich dachte, wie der mich begrüßt hat, kommt jetzt: Packen Sie gar nicht erst aus! Der hatte vor mir schon acht Schwestern rausgeschmissen. Und wir, wir konnten dann gut vom ersten Moment an.

Rowohlt hat uns da besucht im Heidehaus, ach, das war ja herrlich, der war ja putzig. Ich bin danach mit ihm bis zum Tor gegangen, er hat gesagt, ich soll auf Fallada gut aufpassen, hab auch ein Buch von ihm mit Widmung bekommen. Rowohlt, nein, das war ja also ein Urviech, zweimal hab ich ihn später in Carwitz erlebt, also der konnte essen, das war einfach unwahrscheinlich. „Kartoffeln gehören in den Keller", war ein Spruch von ihm, und alles andere, vor allem Fleisch, verschwand dann in ungeheuren Mengen.

Fallada fragte mich im Heidehaus, er kriege zu Weihnachten Urlaub vom Sanatorium, ob ich mit ihm nach Hause fahren würde. Er dürfte nur, wenn eine Schwester mitkäme, und es wäre ein Ort, den ich bestimmt nicht kennen würde, das wäre Carwitz. Da sagte ich: „Carwitz, bei Feldberg?" Und er: „Was, das kennen Sie etwa?" Und das erklärte ich ihm nun: „Ja, aus der Kinderzeit, ich bin auf einem großen Gut großgeworden." In den großen Ferien waren sämtliche Vettern und Cousinen da, und einmal in den Ferien wurde mit Pferden und Wagen nach Feldberg gefahren. Unten am Schmalen Luzin war eine Bretterbude, und da gab es rote Brause, das war für uns ein Ereignis - es hat bestimmt scheußlich geschmeckt - aber 'ne rote Brause kriegten wir ja sonst nicht. Wir haben die Flaschen erst geschüttelt, und die Hälfte kam raus, das hatten wir dann aber sehr bald gelernt, dass wir nach dem Schütteln nicht mehr viel drin hatten. Da ich also das Landleben und sogar Feldberg kannte, entspann sich gleich ein guter Kontakt.

Ich erinnere mich, dass er in Carwitz anfangs immer liegen musste, weil er doch Thrombose hatte. Im Esszimmer war so eine Nische mit der Couch, und da lag er, mit 'nem Tischchen daneben. Mummi, die eine phantastische Hausfrau war, hatte lauter selbstgeschlachteten Aufschnitt, und wir beiden fraßen, denn dieses Essen im Heidehaus, das war wirklich der letzte Husten, das war, wie das ganze Haus da, fürchterlich primitiv.

So kam ich nach Carwitz. Ich weiß gar nicht, ich bin ja vier- oder fünfmal beruflich da gewesen und auch sonst noch mehrmals in den Ferien. Einmal kam ich nach Carwitz, weil die Mummi so krank war, da hab ich mich deshalb so ziemlich totgemacht. Die Haustöchter damals auf dem Hof, die war'n z.T. so dämlich, dass es nicht auszuhalten war, die wussten nicht mal, wann Wasser kochte. Da war ich dann auch ziemlich fertig, war ganz mager. So musste ich hinterher 14 Tage als Gast dableiben, um das, was ich abgenommen hatte, wieder aufzufüllen. Da durfte ich nichts tun, sondern sollte mich ausruhen, wurde gut gefüttert. Ich hab nachgelesen in alten Briefen, dass ich 1941 das letzte Mal im Urlaub in Carwitz gewesen bin.

Uli war ja noch ein kleiner Stöpsel, der kam dann auf die Schule. Und die Mücke, meine ganze Wonne, das war ein zauberhaftes Kind. Ich bin viel da gewesen und hab 'ne lange Zeit Mücke wie mein Kind großgezogen, als Mummi im Krankenhaus lag. Mücke war köstlich, sie hat mich paar mal fürchterlich blamiert. Da hatte er also ein Herrenmittagessen, und ich trug wie üblich ein kleines dreieckiges Höschen unter meinem Schwesternkleid, und plötzlich hob sie vor allen Leuten mir den Rock hoch und sagte: „Wo Sophies Hösi is!", was ihn und die ganze Runde mächtig freute, natürlich.

Im Dorf war ich ja nun bald bekannt wie'n bunter Hund, das war die Familie Ditzen, die Haustöchter und ich. Und da ich Plattdeutsch sprach, war auch gleich der Kontakt zu den Leuten da, die bei ihm arbeiteten, zu Herrn Liebrecht, Herrn Schmidt, Herrn Lewerenz [2]. Mit allen verstand ich mich blendend, besonders mit der Mummi und mit dem Chef, wie die Mädchen sagten.

Jedenfalls war das eine famose Freundschaft, wir haben uns auch mal angegrobst, ich hab es wohl beschrieben [3], wie er mich zusammengestaucht hat. Ich war so unglücklich über diesen Krieg in Spanien und beklagte, was da an kulturellen Gütern kaputtginge. Da hat er mich richtig angebrüllt: „Es geht um Menschen!" und dann erklärte er mir die Zusammenhänge. Mir war das klar, ich hatte das mit den zerstörten Kirchen nur zusätzlich gedacht.

Aber es gab auch viel Spaß. Nie vergesse ich, wie wir am Tauentzien langgingen und die SA da marschierte. Da sagte er zu mir: „Nun hab ich genug von den Affen, jetzt gehn wir in den Zoo", dabei ist dieses Bild entstanden. Da sind wir an den Löwenbabys vorbei, ich sagte: „Gott sind die süß", und schon schubst er mich da rein und sagt: „Sie kommen nicht eher raus, eh das nicht geknipst ist",

Im Berliner Zoo, 1935

und dann wollte ich nicht raus, weil die Löwen so wonnig waren. Gleich danach juckte ihn das Fell wieder mit Dummheitenmachen, da sagte er: „Jetzt werden wir einen Omnibus bestellen und nach Zepernick mit dem Omnibus fahren und nicht mit der Bahn, das ist ja so langweilig." Da hab ich gesagt: „Ja, aber nur unter der Bedingung, dass er oben offen ist und wir oben sitzen können." „Ach, mit Ihnen ist aber auch gar nichts anzufangen, dann fahren wir eben mit der Bahn!"

Bei Rowohlt bin ich auch mal im Verlag gewesen, es war ein herrlicher Tag, da gibt's eine herrliche Geschichte von Rowohlt: Wir saßen bei Austernklinger [4] in der Rankestraße, das war so ein teures Lokal, Herr Finger [5] hielt draußen mit dem Wagen, ich glaube, ich hatte Herrn Ditzen vom Heidehaus abgeholt, wir wollten nach Hause, also nach Carwitz, aber er hatte sich mit Rowohlt getroffen. Das muss bald nach dem Reichstagsbrand gewesen sein, und Rowohlt, der ja die Schnauze nicht halten konnte, wenn's irgendwo um Politik ging, der setzte sich an einen Nebentisch mit diesen Leuten, die da also debattierten. Ich kriegte eine solche Angst, dass Fallada da hineingezogen werden könnte, und bat also Frau Rowohlt, sie möchte doch schnell die Rechnung bezahlen. Dann ins Auto rein und los, ich war heilfroh, dass wir bei Austernklinger weg waren.

Ich habe so an Carwitz gehangen, ich hänge noch heute an Carwitz, es ist ein Lebensabschnitt, der für mich sehr wichtig gewesen ist. Zum einen war ich ein Mensch, der Hemmungen gehabt hatte, die hat er mir furchtbar schnell ausgetrieben mit seinem Frotzeln. Außerdem hab ich durch ihn so viele Bücher gelesen, die ich vorher nicht kannte. Ich bin immer eine Leseratte gewesen, aber jetzt erfuhr ich erst so richtig, was man lesen muss. Also die Amerikaner, das war ja damals alles so schwierig im Dritten Reich, wie es hieß. Manches hab ich nachher in einer kleinen Bibliothek immer unterm Ladentisch gekriegt, mit tausend Ängsten durch die Stadt, die guten Bücher in der Tasche, Hemingway und Thomas Wolfe und auch, was damals so verboten war. Ich habe Hemingway jetzt nochmals mit Begeisterung gelesen, das ist ja ein Mensch, der schreiben kann.

Ich gehörte sozusagen zur Familie, damals, und ich war wieder auf dem Lande, und erlebte etwas, was man von Fallada gar nicht glauben kann: Meinem Vater ging es sehr schlecht, finanziell und gesundheitlich, und hatte ihm einen Brief geschrieben, bestimmt einen Bittbrief. Ich verschwand im Garten und heulte, und da kam Fallada und legte so seinen Arm um meine Schulter und sagte: „Kann ich Ihnen helfen? Ich bin bereit, ihm Geld zu borgen, wenn ihm das was nützt." Das hab ich aber abgelehnt, weil ich's ja auch wieder hätte zurückzahlen

Tütchen, Sophie, Uli und Ilse Bechert (Falladas Nichte)

müssen, und hab dem Vater mit meinem Ersparten geholfen. Aber diese Hilfsbereitschaft, die hab ich ihm nie vergessen...

Andrerseits haben wir ja mit ihm auch furchtbar viel gelacht Also da ist mir eine Geschichte in Erinnerung: Mein Vater schrieb mir, er sei in Greifswald abends zu einem Vortrag gegangen, der war auf Plattdeutsch, und das Ende von diesem Vortrag wäre gewesen: Wat broken Sie Schiller, wat broken Sie Goethe - sie schieten uf Schiller .... Das wurde bei uns ein Schlagwort, wenn irgendwas war, wie schieten uf Schiller!

Dann natürlich so Dorfgeschichten, ich hab ja da Bälle bei Utnehmer[6] mitgemacht, das war natürlich im Krog. Wenn ich dann zurückkam und am nächsten Morgen erzählte und die Ballgespräche wiedergegeben habe auf Plattdeutsch, dann freute er sich halbtot, wir haben Tränen gelacht.

Einmal hab ich dem Sohn vom Bürgermeister die Pferde ausgespannt. Der hatte so wunderschöne Füchse, die standen vor einem Pflug, und von ihm war nichts zu sehen. Ich ging vorbei und spannte die beiden Füchse aus und stellte sie in unsere Scheune auf dem Hof. Da war kein Mensch, der mich gesehen hatte. Nach kurzer Zeit kam also Maxe an und fragte Mummi, die inzwischen in der Küche war und aus dem Küchenfenster guckte: „Ob die Sophie die Pferde ..." „Wie kommen Sie denn darauf?" „Ja, wenn einer den Mut hat, meine Pferde auszuspannen, dann ist das Schwester Sophie! Kann ich mal in die Scheune

Carwitz, 8. 8. 1937, Tütchen, Marga Dietrich, Friedel, Ilse Bechert, Sophie, Mücke, Uli und Fallada

gucken?" Und da standen die Pferde, na, da musste ich natürlich auf dem nächsten Ball 'ne Lage schmeißen, so war das früher.
Fallada lachte gerne, und Mummi konnte auch lachen, das war großartig, deshalb ärgern mich immer diese blödsinnigen Berichte, die nur die schlimmen Sachen hervorkehren.
Nein, nein, das lass ich mir auch nicht nehmen, ich denke mit der größten Achtung an Carwitz und Fallada und die ganze Familie.

An Marga Dietrich[7] erinnere ich mich sehr gut. Ich weiß über ein Treffen im Romanischen Cafè[8], das immer das Idiotencafè genannt wurde, wie er den Schluss geändert hat vom Eisernen Gustav. Das wurde in vielen Einzelheiten diskutiert. Und dann bin ich bei Marga Dietrich ein paar mal in der Wohnung in Charlottenburg gewesen. Wie die Straße hieß, weiß ich nicht mehr, und ich weiß auch nicht, warum ich da gewesen bin. Da hat sie mir erzählt, dass sie mit Schauspielern arbeitet. Da hatte sie gerade Klara Zylinder (d.h. Zarah Leander, M.K.) in der Mache und Birgel, mit dem hat sie auch gearbeitet, also sie ist mit ihm den Text durchgegangen - und dann klingelte es, und die Leute dachten immer, sie wäre Marlene Dietrich und wollten ein Autogramm haben, und sie sagte: „Es tut mir leid, das bin ich nicht" - und die wollten sich nicht abweisen lassen - und dann zeigte sie ihre Beine, die wirklich nicht schön waren, und sagte: „Kucken Sie mal", und dann gingen die Leute.
Warum ich ein paarmal bei ihr gewesen bin, ob wir uns bei diesem ersten

Treffen angefreundet hatten oder schon aus Carwitz kannten - das weiß ich nicht; ich weiß, dass es paar Treppen hoch war und sonst kann ich mich auf nichts besinnen, ich weiß nur, dass sie sich über einige Schauspieler lustig machte, über deren geistige Fähigkeiten, und wir auch gut miteinander konnten.
Weiter weiß ich auch nichts von ihr, sondern nur eben, dass ich damals so furchtbar gelacht

Schwester Sophie, Mücke und „Onkel" Räder

habe, wie sie die Leute nicht abwimmeln konnte und den Rock so ein bissel anhob und sagte: „Kucken sie doch auf meine Beine, ich bin nicht Marlene Dietrich ..."
Die Marga Dietrich, die rannte immer mit einem Hund rum, sie kam auch nach Carwitz mit dem Hund, das war so ein großer schöner schwarzer Scotchterrier. Aber es war ein dolles Biest. Einmal vor allem war es sehr peinlich, von einem dieser Bälle kamen wir morgens früh um drei nach Hause, und der Köter schlug an, und wir natürlich alle in Begleitung mit den Herren vom Ball, Klempner und der Sohn vom Bürgermeister, also Maxe, und der Räder [9], das war ein Goldstück. Ich hab so ein nettes Bild von ihm da in einem Umschlag, das war ein Mann mit 'ner Kartoffelnase, bisschen kleinen Augen, ein großer, kräftiger Mann, der eine große Liebe mit Mücke hatte. Wenn ich Mücke aus irgendeinem Grunde mal ein bisschen zusammengestaucht hat-

Mücke und Schwester Sophie

te, lief sie zu Onkel Räder, und Onkel Räder sprach dann nicht mit mir, und war furchtbar böse, dass ich mit dem Kind unfreundlich gewesen wäre.

Er war wahnsinnig fleißig und hing an den beiden Ditzens mit einer unwahrscheinlichen Anhänglichkeit. Es war so ein zuverlässiger Mecklenburger Typ, wissen Sie, mit beiden Beinen im Leben. Wir mussten ja morgens immer alle Erdbeeren pflücken und Ditzen auch, und ihm wurde das Bücken immer sehr schwer, wir hatten jeder zwei Reihen. Räder nahm dann ganz heimlich, dass es keiner merken sollte, drei Reihen, dass Fallada nur eine Reihe hatte, und Räder, der konnte das nun besser mit seinem jungen Rücken machen.
Das hat mir sehr leid getan, dass der gefallen ist, das war ein ganz prächtiger Kerl. Ja, Onkel Räder, das ist mir sehr nahegegangen, das war so ein prachtvoller Mensch, zuverlässig und freundlich, mit dem konnte ich auch gut, konnte prächtig mit ihm, wir flaxten, und dann lief er rot an, wenn man ihn neckte, er war furchtbar verlegen, ich hab da von ihm ein Bild, wo er im Kahn sitzt, wir beide im Kahn, er rudert...

Falladas Anreden waren immer köstlich. So hab ich ja auch in Briefen die komischsten Anreden gekriegt, einmal hieß ich: Sophie Knoffi - stand dann von Mummi in Klammern drin: Wieso Knoffi?
Wir haben wunderbare Spaziergänge gemacht, im ersten Winter war es so wahnsinnig kalt, da sind wir immer am Hauptmannsberg oder am Schmalen Luzin lang, die Vögel waren z.T. im Wasser eingefroren, und wenn wir zurück ins Haus kamen, sagte er: „Wie gut, dass die Häuser innen hohl sind!" Wir sind auch oft zum Hullerbusch gegangen, mit dem Kahn übergesetzt, da hatte man so 'ne Klingel, und dann den andern Weg am Schmalen Luzin zurück, was hat er mich immer gefrotzelt, einmal mit einem Hosenknopf, der angeblich ab war, oder dass er einen Bindfaden aus der Tasche zog und angeblich die Leine von dem Hund weg war, er schaffte es also, mich zu ärgern, und das fand er so gut.

Er hatte auch ein Zimmer zum Hof raus, wo er arbeitete. Und das Balkonzimmer, da hab ich gewohnt, und später bin ich dann mal umgezogen in ein kleineres Zimmer, weil soviel Logierbesuch da war, dass man nicht treten konnte, das weiß ich aber nicht mehr.
Die Haustöchter schliefen in einem Zimmer zum Weg raus.

Der Lehrer im Dorf war ein Herr Schwoch [10], da ist Uli zur Schule gegangen, und mit Schwoch stand sich Fallada nicht gut, aber ich weiß nichts weiter, er hatte eigentlich nur Kontakt mit dem Bürgermeister und den Handwerkern, also dem Elektriker, der hat ja dann auch eine der Haustöchter geheiratet.

Rowohlt, der stand nachher sehr zu Mummi, wie die Ehe auseinander ging. Das hat mich damals stark erschüttert, wie Fallada mir schrieb, dass er mit dieser einen Haustochter im Gärtnerzimmer wohnte und er mit ihr ein Verhältnis hatte. Aber das ist das einzige Mal gewesen, von dem ich weiß. Da war die Ehe schon kaputt, und die ist kaputtgegangen durch die ganze Familie von Mummi, die nun in Carwitz unterschlüpfte. Außerdem auch die alte Mutter von ihm, Mummi wusste ja nicht, wo anfangen, wo aufhören. Er hatte keinen Raum mehr, wo nicht irgendeiner drinsaß, und er war ja furchtbar abhängig von ihr, sie hatte eine unwahrscheinlich gute Art mit ihm umzugehen, wenn ein Buch zu Ende war und er sich leergeschrieben hatte, wie sie mit ihm spazieren ging, ihn beschäftigte, und wir alle sehr vorsichtig waren. Es war nicht so, dass wir alle Angst gehabt hätten im Haus, sondern wir respektierten, dass er zum Arbeiten Ruhe brauchte. Einmal habe ich es erlebt, dass irgendwie furchtbar in der Küche rumgejucht wurde, und da kam er von oben runter und hat geschimpft. Das Zimmer lag genau über der Küche, da musste man sich schon vorsehen, und es durfte eben Krach nicht sein, wenn jemand geistig arbeitet.

Wir sind einmal von Herrn Utnehmer nach Feldberg gebracht worden, mein Mann und ich, da waren wir in Carwitz im Kriege mit der Bahn. Ditzens Auto war aufgebockt, und da sind wir morgens mit Utnehmer nach Feldberg zum Zug gefahren. Es war noch dunkel, ich hab immer gedacht, wenn wir nur heil ankommen, er fuhr also unten am See lang, und nachher am Schotterwerk, also schwuff wuff, unwahrscheinlich.
Ich hab auch noch einen Brief, den Fallada an meinen Mann geschrieben hat, mein Mann war sehr krank, hatte sich im Krieg eine Tb geholt, war nur kurz Soldat, und dann in einem Lungensanatorium im Harz. Wir konnten deshalb nicht heiraten, es zog sich immer weiter hin. Da hat er ihm einen furchtbar netten Brief geschrieben, dass es immer wieder mal solche Rückschläge gäbe und er solle den Mut nicht verlieren, und dazu schickte er meinem Mann ein Buch mit Widmung natürlich. Sofort ist mein Mann in die Familie mit aufgenommen worden, einmal sind wir noch mit dem Auto da gewesen, wie ich ihn vorstellte als meinen Verlobten.
Also mein Mann wurde in diese Freundschaft mit einbezogen, was ich beachtlich fand, denn er kannte ihn ja überhaupt nicht. Nur Uli war nicht einverstanden, wir kamen mit einem Papp-DKW angefahren, in Carwitz, es war im Krieg, wie er das erste Mal auf Urlaub war, und Uli stieß so mit dem Fuß ans Rad und war außer sich über diese Kiste, denn sie waren ja einen großen Wagen gewöhnt, Mummis Auto.
Fallada hat Ulla [11] schon zu Mummis Zeiten kennen gelernt, und er ist ja noch mal zu Mummi zurückgekommen. Er hat mir damals geschrieben, dass er eine

junge Frau kennen gelernt hat, die eben das völlige Gegenteil von Mummi wäre, Mummi die Bewahrende, und die andere überhaupt keine Hausfrau und dazu sehr leichtsinnig.

Ich habe sie kurz nach dem Krieg auch noch kennen gelernt, zusammen mit meinem Mann haben wir Fallada hier mit seiner zweiten Frau im Bayrischen Viertel getroffen, besucht in der Meraner Straße. Da hat mir die Ulla sehr gefallen, wir haben uns nur kurz gesehen, denn sie musste an diesem Nachmittag weg. Sie war eine sehr schicke, lebhafte, gepflegte Frau, Ulla, in vielem das völlige Gegenteil von Mummi. Wir haben dann noch lange geklönt, er, mein Mann und ich, und verabredeten uns für Niederschönhausen [12], wir sollten zu ihnen kommen, mein Mann und ich, in dieses Ghetto da, und dann also, es war ziemlich zum Schluss, kam eine Karte, wir möchten bitte nicht kommen, ihm ginge es nicht gut. Das war das Letzte, was ich dann von ihm hörte.

Uli hat sich noch sehr um Ulla gekümmert. Er war paar mal bei ihr, und wenn er zurückkam, mit uns Abendbrot aß, war er immer völlig erschüttert über diesen Verfall, und das arme kleine Mädchen, das da war, die Jutta [13].

Und Mücke, die war ja nun hier in Hermannswerder [14] und litt unter Heimweh ganz entsetzlich. Landkinder mussten damals ins Internat, um auf eine höhere Schule zu kommen. Ich konnte ihr das Heimweh nachfühlen, denn ich bin auch im Internat gewesen, mit 12 Jahren verschwanden wir von zu Hause. Deshalb sind wir mal in Hermannswerder gewesen mit meinem Mann, und sie hat uns auch mal hier besucht, an Mücke hab ich gehangen wie an meinem eigenen Sohn, meinem eigenen Kind.

Und Mummi hat mir dann später mal, wie sie hier in Berlin war, - also wenn Mummi in Berlin war, nach seinem Tod, haben wir uns immer gesehen, sie ist nie in Berlin gewesen, ohne bei uns zu sein, oder wir waren in der Wohnung bei der zweiten Frau von Uli, - und da hat sie mir gesagt: „Das Schlimmste in meinem Leben, das Härteste, was mir passiert ist, das war der Tod von Mücke!" Und nie vergesse ich den Tag, da mich Uli anrief: „Mücke ist tot!"

Uli hab ich auf so spaßige Weise wiedergefunden, und zwar durch eine Bekannte, die in einem Verlag arbeitete. Im gleichen Verlag ist er als Stift durchs Archiv getobt. Als ich das hörte, hab ich ihr ein Bildchen mitgegeben, und da war er's. Dann rief er mich an und sprach mich mit Sie an, und da hab ich ihm gesagt: „Du hast wohl nicht alle Tassen im Schrank!" Von da an war er also laufend bei uns, die ersten Schritte hat mein Junge am Finger von Uli gemacht, zum Dank hat er ihm dann den Kragen nassgemacht, wie er ihn auf der Schulter trug. Also ohne Uli ging es nicht. Mit Achim hab ich viel weniger Verbindung, weil der ja viel später kam, er hat uns auch ein paar mal besucht. Ich weiß noch, da war er in Kleinmachnow, und da war schon irgendwie so ein Schlagbaum, der aufgemacht werden musste, den man zu einer bestimmten Zeit passieren musste, da haben wir ihn noch hingebracht. Er sieht ja phantastisch aus, der Achim, der ist hübscher als Uli, und er hat mir sehr gefallen.

Immer seh ich Carwitz vor mir, den Wintergarten, wo wir gegessen haben den ganzen Sommer über und sonst in dem Esszimmer, die große Küche. Und Plischi, das war ja nun auch 'ne Wonne, er war eigentlich ein Stänker, aber mit dem haben wir viel Spaß gehabt, Spaziergänge gemacht. Später bin ich mal allein da gewesen, da war er, Fallada, nicht da, und ich besuchte Mummi und Achim, und wir waren in der Küche, und sie hatten einen Neufundländer. Achim saß in der Sportkarre und hatte eine Stulle in der Hand und weinte bitterlich und schrie auf, da hatte der Hund einmal so gemacht, und schwupp, hatte er die Stulle verschluckt, und der heulende Achim kriegte dann eine neue. Das hab ich ihm erzählt bei der Beerdigung, wie wir in Mummis Garten saßen, aber er wusste natürlich nichts mehr davon.

Ich bin so verbunden mit dieser Zeit und der ganzen Familie, es ist nicht nur Fallada, sondern die ganze Familie, jedesmal, wenn ich darüber rede, bin ich wieder ganz aufgewühlt. Und wenn sie in Berlin waren, die beiden, sie und er, war ganz selbstverständlich, dass ich mit ihnen einen Abend verbrachte, oder Mummi kam allein, wenn er bei Rowohlt war. Aber getroffen haben wir uns immer.

ÜBER SOPHIE ZICKERMANN:

Was für ein Segen, daß wir die Schwester Sophie behalten hatten, mir wäre doch mit meinen jungen Mädchen Himmelangst geworden. Sie soll auch noch länger bleiben, ich will keinesfalls, daß Suse, wenn sie zurückkommt, gleich all den Anforderungen der Kinderpflege ausgesetzt ist. Ihr müßt nun aber beileibe nicht denken, daß ich darum niedergedrückt bin, ich habe sogar meine Romanarbeit langsam wieder in Gang gebracht und püttere jeden Tag daran herum.
27. März 1936 an die Eltern

Leider kann ich wieder nichts Gutes melden. Die letzten Wochen mit Ulis Krankheit, seiner Operation und den neuerlichen Angriffen, haben Rudolf noch mehr mitgenommen, als wir alle dachten. Am 1. Mai früh hat er Euch noch geschrieben, und abends ist er mit Schwester Sophie nach Zepernick gefahren. Am Sonnabendmittag rief er noch selbst an und sagte, es ginge ihm viel besser als erwartet und er wolle nur ein paar Tage zur Sicherheit dableiben. Sonnabend und Sonntag hat er dann noch Uli besucht (und sich wahrscheinlich dabei innerlich aufgeregt...). Und am Montag rief dann Burlage schon an, daß es eben doch nicht so gut, wie anfangs gedacht, ginge. Wieder depressive Anfälle und Erregungszustände...
Schwester Sophie, die zuerst, nachdem sie ihn hingebracht hatte, wieder nach Carwitz zurückgekommen ist, um mich hier noch ein bißchen zu unterstützen, ist am letzten Freitag nun doch zu Rudolfs Pflege wieder hingefahren. Rudolf wollte selbst gern, daß sie hier bliebe, aber es ist wirklich sehr schwer, eine wirklich kluge, tüchtige Schwester für ihn zu finden, die auf ihn eingehen und mit ihm umzugehen versteht. Das kann nun Schwester Sophie großartig, und es ist mir ein sehr beruhigendes Gefühl, sie bei ihm zu wissen ...
11. Mai 1936, Anna Ditzen an die Schwiegereltern

Heute abend kommt nun die Schwester, unsere altgewohnte, geliebte Sophie. Mit betretenen Gefühlen sehen wir ihrem Kommen entgegen: Suse, die sich nun für 6 Wochen strenge Diät und Bettruhe von der Welt zurückziehen soll, geht es so gut wie nie in den letzten 6 Monaten, sie ist seit Wochen vollkommen schmerzfrei. Was hierbei herausbrät - darauf sind wir beide neugierig! Hoffentlich nicht mehr als eine recht erholsame Ruhezeit für unser aller Mutter!
24. Juni 1937 an Ibeth und Heinz Hörig

Suse steht nun schon seit einer Woche wieder auf. Nur ein bißchen, nur täglich ein bis zwei Stunden, aber es geht ganz gut. Wenn sie dem Nachthund, der Schwester Sophie, entrinnen kann, schleicht sie in den Garten und kann es nicht lassen, Unkraut zu zupfen oder Tomaten auszugeizen, oder Zwiebeln zu ziehen. Manche haben eben kein Talent zur Faulheit. Ich auch nicht.
25. Juli 1937 an Ibeth und Heinz Hörig

..wir haben für unsere gestern geschiedene Sophie für ein Vierteljahr eine Stütze angenommen ...
27. August 1937 an Ibeth und Heinz Hörig

BRIEFE

Rudolf Ditzen
Carwitz, am 4. August 1944

Liebe Sophie, ich danke Ihnen erst einmal als Vater herzlich für Ihre Karte an das Mückchen, ich habe sie ihr sofort nachgesandt, und denke, sie wird Ihnen direkt antworten. Eine Karte von Ihnen ist ihr aus Hermannswerder nachgesandt worden, sie hat es wohl verschwitzt Ihnen zu antworten, und in dem Trubel und Kummer, in dem wir jetzt hier leben, habe ich vergessen, sie ans Antworten zu erinnern. Mücke ist schon seit den Terrorangriffen im November nicht mehr in Hermannswerder, sie hat bis jetzt hier die Dorfschule besucht, das hat ihr gar nichts geschadet. Seit ein paar Tagen ist sie nun in Neustrelitz auf dem dortigen Lyzeum, ich denke, wir haben mit ihrer Pension einen guten Griff gemacht, und sie kann doch immer übers Wochenende nach Haus.- Wie ich schon sagte, haben wir hier schwere Zeiten hinter uns. Im November vorigen Jahres wurde ich aus dem Rowohlt-Verlag, der vom Eher-Verlag aufgekauft wurde, als unerwünschter Autor ausgeschlossen. Papier gab es von da an nicht mehr für meine Bücher, ich sitze also in jeder Hinsicht auf dem Trockenen. Besonders die Formen, in denen dieser Ausschluß erfolgte, haben mir viel Kummer bereitet, an sich hatte ich natürlich auch ich nicht den Wunsch, Autor dieses neuen Verlagsbesitzers zu sein. Darüber wurde ich krank, und ich habe mich bis Ende März anderswo herumgedrückt, besonders in Berlin bei Professor Zutt, wo ich eine ganze Menge Terrorangriffe mitgemacht habe. Es waren keine schönen Zeiten (...) Im Sommer des vorigen Jahres hatte ich drei Verwandte meiner Frau, auch Schwestern und Nichte, die in Hamburg ausgebombt waren, ins Haus genommen, dazu gesellte sich noch Frau Burlage, deren Mann ja auch bei einem Bombenangriff gestorben ist. Diese Weibsen haben es fertig gebracht, meine Ehe kaputt zu machen, die doch mit all ihren Mängeln immer eine recht gute Ehe war, plötzlich war unerträglich, was 15 Jahre ertragen worden war, ich war zu anspruchsvoll, ich machte alles falsch usw. Kurz und gut, das Ende vom Liede war, daß wir seit einiger Zeit geschieden sind. Daß auch ein Ehebruch von mir eine Rolle spielte, brauche ich wohl kaum zu erwähnen. Aber den gab es auch früher, und er wurde mir immer verziehen. Diesmal war er dank der Leute, denen ich nur Gutes getan habe, unverzeihlich.

Nun leben wir, durch den Krieg bedingt, hier noch weiter zusammen. Ich hause drüben im Gärtnerzimmer. Suse im Haupthaus. Die Verhältnisse sind recht unerfreulich. Ich lebe wie in einem bösen Traum. (...)

Gottlob geht es allen drei Kindern gut, und sie entwickeln sich erfreulich, Uli ist jetzt stolzer Obertertianer und ist so groß, daß er jetzt 42 Schuhgröße trägt und Ihnen bequem auf den Kopf spucken kann. Achim ist ein kleiner Strahlenbengel. So ist doch dafür gesorgt, daß es auch noch Freuden gibt. Grüßen Sie Ihren Mann schön von mir!
Immer Ihr alter Ditzen

30.12.1944
Lieber Herr Ditzen,

Das alte Jahr soll nicht zu Ende gehen, ohne einen herzlichen Gruß und viele gute Wünsche. Bitte seien Sie nicht böse, weil ich Ihnen nicht gleich schrieb, nachdem Ihr Brief Ende August kam. Ich war über seinen Inhalt so erschlagen, daß ich einfach nicht schreiben konnte. Ich hoffte noch immer, es käme ein Brief von Ihnen, in dem stände, daß alles nicht wahr sei, was Sie schrieben. Der Brief kam nicht, und ich muß nun also daran glauben, daß Ihre Ehe kaputt ist. Fassen kann ich es nicht, und ich würde liebend gern die ganzen hetzenden Frauen mit den Köpfen zusammenknallen, aber so daß es Funken gäbe. Leicht hatte Mummi es sicher nicht in der Ehe, aber wo viel Licht ist, ist viel Schatten. Ich glaube, daß das Licht doch in Ihrer Ehe überwogen hat. Ich glaube nicht, daß Mummi nun noch von Haß gegen Sie erfüllt ist, denn all die langen gemeinsamen Jahre kann man doch nicht auslöschen. Sie schrieb mir im Herbst auch gleich, wohin der Krüger-Verlag sich an Sie wenden könnte, nachdem ein Brief vom Verlag an Sie zurückgekommen war. Nur eine Karte, aber sie schrieb gleich. Das täte sie doch sicher nicht, wenn sie Sie haßte. Wie schwer muß das Leben jetzt in Carwitz sein, noch am selben Ort und doch nicht zusammen. Wie schwer auch für die Kinder. Gibt es denn keinen Weg zurück? Meine Gedanken sind so oft zu Ihnen gewandert, und ich habe mir vorzustellen versucht, wie Sie leben und was Sie empfinden. Aber genug, Sie legen bestimmt keinen Wert darauf, daß ich an Dingen rühre, die Sie allein angehen.
Was treiben Sie, schreiben Sie, sind Sie in Carwitz und was haben Sie in den Weihnachtstagen gemacht? Ich hatte sehr gehofft, mal in Carwitz auftauchen zu können.
K. wollte mich mitnehmen. Er hat mal wieder versprochen, ohne zu halten. Ich käme sehr gerne mal, aber mit der Bahn geht es ja nicht wegen der 100 km. Uns geht es gut, die letzten Angriffe haben wir gut überstanden. Wir haben die fünfte Scheibengarnitur, aber schon lange. Die Festtage haben wir nett mit Bäumchen verlebt, am heiligen Abend war ich bei Horst im Krankenhaus, der Dienst hatte.

*Am 1. Festtag haben wir in Familie gemacht, am zweiten waren wir allein. Horst hat viel Dienst, ich habe reichlich Patienten, die Tage sind ausgefüllt. Mein Bruder ist nun auch Soldat. Er hat in Hannover viel durchgemacht. Mein Mann grüßt herzlich mit mir. Was soll ich Ihnen zum neuen Jahr wünschen? Gute Arbeit, die Ihnen Freude macht, in dieser freudlosen Zeit. Kraft, Ihr Leben nun allein zu gestalten und die Liebe Ihrer Kinder. Für mich wünsche ich mir, daß Sie mir Ihre Freundschaft erhalten. Ich hoffe, Ihre Leser können sich bald mal wieder über ein Buch von Ihnen freuen. An Mücke lege ich eine Karte ein, da ich ihre Adresse in Neustrelitz vergessen habe. Bitte schicken Sie die ihr. Mit vielen herzlichen Grüßen und guten Wünschen für 1945 bin ich
Ihre alte Sophie*

Der ganze Brief sagt eigentlich nicht, was ich sagen wollte. Ich empfinde viel wärmer, als ich mal wieder sagen kann. Sie kennen mich ja aber und wissen, daß ich aus ganzem Herzen mit Ihnen traurig bin.

Rudolf Ditzen
Carwitz, am 7. Januar 1945

Liebe alte Sophie,
ich danke Ihnen herzlich für Ihren Brief und die alte Freundschaft, die aus ihm spricht. Ich will es ganz kurz machen und Ihnen nur sagen, daß ich es voll verstehen kann, wenn Sie dieser neuen Entwicklung zuerst ganz fassungslos gegenüberstanden. Mir ist es ja nicht anders gegangen, lange glaubte ich, mein ganzes Leben wäre zerschlagen. Seitdem ist viel geschehen, ich war sogar ein Vierteljahr in Staatspension wegen „Mordversuches an meiner geschiedenen Frau" - eine Anklage, die sich natürlich nicht aufrechterhalten ließ. Nun habe ich mich wieder verlobt, ich werde in wenigen Wochen eine junge, 23-jährige Witwe heiraten und bin sehr glücklich. Ich fahre übermorgen mit meiner Frau nach Berlin - dort hat sie eine noch ziemlich zerbombte Wohnung in der Meraner Straße 12 (Losch) und werde dort etwa eine Woche bleiben. Wenn Sie mögen, rufen Sie mich doch einmal an (772784), in den Morgenstunden bis etwa 10 oder 11 werde ich meistens dort zu erreichen sein. Vielleicht kann man sich dann mal sehen und ein wenig erzählen.
Alles Gute noch Ihnen und Ihrem Horst zur Jahreswende
Immer ihr alter Ditzen

BEGEGNUNGEN MIT SCHWESTER SOPHIE

Früh, auf der Fahrt nach Carwitz, waren wir noch durch Nebel gekommen, in Schwaden lag er hinter Templin auf dem Asphalt, aber dann war der Tag hell geworden. Jetzt standen wir am alten Dorffriedhof von Carwitz vor den beiden roten Backsteinpfeilern, die die hölzernen Tore halten und mitten im Dorf wie Wächter dastehen, und sie leuchteten nur so in der warmen Sonne. Dieser 27. August 1990 war ein Spätsommertag, wie er zu Anna Ditzen nicht besser hätten passen können, mild und würdig, die Luft blau, und Fäden schwebten in ihr, die Bäume und Büsche schon im farbigen Laub, aus den Bauerngärten blinkten Äpfel herüber - über allem tiefer Friede unter dem hohen Himmel - Altweibersommer, ja, es war alles wie für Suse. Sie trugen wir zu Grabe heute. Viele Leute waren da, aus dem Dorf, und auch Städter, das sah man an den Autonummern. Der Fontanevers klang in mir: „Alle Bauern und Büdner mit Feiergesicht...!" Bei Falladas Beerdigung am gleichen Platz waren es weniger, kaum welche von hier. Vorn gingen die Söhne, sie hatten zwischen sich eine kleine alte Frau, die wir noch nie gesehen hatten, dabei waren wir doch fast zehn Jahre lang zu Anna Ditzen gekommen, hatten dort Uli und Achim und ihre Frauen und einige von Suses Enkeln kennen gelernt. Aber die kleine Greisin dort, die zwischen Falladas groß gewachsenen Söhnen noch kleiner war, sie kannten wir nicht. Ich sah eine Bewegung in der stillen Trauergesellschaft, sicher fiel es mir auf, weil alles ringsum stumm verharrte: Die Urne wurde in die Erde gesenkt, da drehte sich Achim um und holte die kleine Frau neben sich und seinen Bruder. Sie hatte sich nämlich so ein bisschen in die zweite Reihe zurückgezogen, stand hinter Mummis Kindern. Nun war sie wieder ganz vorn, und dann gab ich ihr die Hand, die war ganz fest und kräftig - aber in den Augen hatte sie Tränen. Ich wusste nicht, wer das war, und bei so einer Begegnung fragt man nicht. Aber ich sah die kleine Unbekannte wieder - und wieder war es zu einem offiziellen Anlass, etwas mehr als zwei Jahre später in Berlin.

Im März 1993 trafen sich Leute im Pankower Rathaus. Es war kurz vor Falladas 100. Geburtstag, da wollte man das endlich nachholen, was jahrzehntelang nicht möglich gewesen war: In Pankow, wo Fallada sein letztes Buch geschrieben, wo er gestorben und begraben worden war, gab es mehr als 40 Jahre lang keine Erinnerung an ihn. Das sollte nun endlich anders werden. Es gab eine Festveranstaltung im Ratssaal, hohe Fenster, Eichendecke, die Wände getäfelt und eine große Menschenversammlung, Vertreter der Stadt und Freunde des Schrift-

Sophie Baumgarten,
geb. Zickermann, 1994

stellers. Das hätte sich Fallada 1945/46 nicht träumen lassen.

Da war auf einmal zwischen den eintreffenden Gästen die kleine Frau wieder mit den lebhaften Augen. Ich sprang dazu, half ihr aus dem Mantel - da waren ja auch Achim und Uli Ditzen. Sie wollten in Pankow dabei sein und hatten wie schon in Carwitz die kleine Frau mitgebracht. Diesmal fragte ich, und Uli sagte: „Das ist Sophie Baumgarten. Die müssen Sie fragen, die weiß noch ganz viel von damals, Schwester Sophie gehört zur Familie, nun, das wissen Sie ja."

Aber ich wusste es nicht, und war auch begriffsstutzig, Schwester? Uli und Achim hatten doch nur Mücke, - nein, dafür war sie ja auch viel zu alt. Eine Schwester von Anna Ditzen? Dann hätte Uli doch Tante Sophie gesagt. Es dauerte etwas, bis bei mir der Groschen fiel, Schwester hieß natürlich Krankenschwester, und dann war mir klar, Sophie Zickermann, das war jetzt Frau Baumgarten. Mit wenigen Worten war der Kontakt geknüpft, viel

Zeit blieb auch nicht, es ging gleich los im Festsaal des Pankower Rathauses. „Hier haben Sie meine Telefonnummer, rufen Sie mich an, dann machen wir einen Termin aus, ich wohne in Dahlem, da können wir über alles klönen. So, und nun rein ins Vergnügen - was, Sie sind der Festredner? Also über die Schulter spucke ich Ihnen hier nicht, aber toi toi toi!"

Dann haben wir bald telefoniert, ihren burschikosen Tonfall „mit so ganz viel Berlin drin" - ich vergess' ihn nie.

Gleich aber klappte es nicht mit dem Besuch, sie kränkelte, und so dauerte es doch Wochen, ehe ich nach Dahlem fuhr. Trotzdem sah ich sie zwischendurch wieder, diesmal im Fernsehen. Sie rief mich an und fragte: „Haben Sie mich gesehen?" Ja, ich hatte das TV-Interview, das Richard Schneider vom SFB mit Frau Baumgarten geführt hatte, gesehen, Freunde hatten mich aufmerksam gemacht. „Na, da ging's Ihnen besser als mir, ich hab natürlich wieder mal nichts gewusst, erst hieß es, es käme Sonntag, dann wurde das geändert, na, ist ja auch piepe. Aber wenn Sie es nicht wie ich verpasst haben, dann wissen Sie ja schon alles!"

Da irrte sich Frau Baumgarten. Die Sendung hatte mich nicht sehr zufriedenge-
stellt, ausgerechnet die Punkte, die mich besonders interessierten, hatte Richard
Schneider nicht wissen wollen, hatte Schwester Sophie unterbrochen, als sie vielleicht gerade anfangen wollte von Falladas letztem Roman, von Becher und der
Gestapoakte, er versuchte lieber alles mögliche über Ulla Losch zu erfahren,
über Morphium und Alkohol.

Und dann lief ich eines Tages mit Blumen durch Dahlems Villenviertel, fand die
Havelschwerdter Allee erst nach längerem Suchen, fragte mich durch - und war
zehn Minuten zu spät. Das brachte mir, als die Tür aufging, gleich die erste
Abreibung ein. Aber es war nicht ernst gemeint, sondern nur der fröhliche
Auftakt zu einer mir unverlierbaren Stunde. Schwester Sophie setzte erst mal das
Kaffeewasser auf, und als es gesprudelt hatte, fing sie selbst an. Sie erzählte mit
einer Genauigkeit für die aufregendsten Details und Episoden, als sei alles
gestern gewesen, sie kam richtig ins Schwärmen, holte Fotos, zeigte mir Briefe,
Widmungen in Büchern, und war ganz und gar in Carwitz, bei der Mummi, den
Kindern und vor allem an der Seite von Hans Fallada. War aufgekratzt, wie man
so sagt, lustig und verschmitzt - und dann doch wieder fast einsilbig und traurig.
Zwei Jahre später ist sie gestorben, ich habe ihre Stimme auf dem Tonband -
und ihr Bild, ihre Quicklebendigkeit, ihre Herzlichkeit und auch ihre Energie
deutlich vor mir. Diese kleine Frau, die großartig war.

Anmerkungen

1 Prof. Dr. Willi Burlage, Falladas Leipziger Schulkamerad, später als Familienfreund häufig in
Carwitz, langjähriger Chefarzt des Sanatoriums Heidehaus in Zepernick bei Berlin
2 Hofangestellte bei Ditzens
3 Frau Baumgarten gab dem Journalisten Richard Schneider 1993 ein TV- Interview
4 Klinger's Weinstuben, Berlin W 50, Rankestraße 26
5 Finger, Taxi-Unternehmer aus Feldberg
6 Utnehmer, Carwitzer Gastwirt
7 Marga Dietrich-Kenter, Schauspiellehrerin aus Berlin, als langjährige Familienfreundin Tante Ke
oder die Kentersche genannt
8 Künstlerlokal im Berliner Westen
9 Hubert Räder, Hofangestellter, Gärtner, Chauffeur und Freund der Kinder bei Ditzens, in „Heute
bei uns zu Haus" Onkel Herbert genannt
10 Schwoch, Lehrer in Carwitz
11 Ulla Losch, geb. Boltzenthal, Falladas zweite Frau
12 Niederschönhausen - Falladas letzter Wohnsitz im Eisenmengerweg 19, innerhalb des sogenannten „Städtchens", eines abgeteilten Prominentenviertels
13 Jutta Losch, Tochter von Falladas zweiter Frau
14 Internatsschule bei Potsdam, die Mücke zeitweilig besuchte

Tütchen

Gertrud Malingriaux

Gertrud Buhrs (1921), geb. Malingriaux, aus Zehdenick war als einzige unter Ditzens Hautöchtern zweimal in Carwitz angestellt, und zwar von November 1936 bis April 1938 und von Januar 1939 bis Mai 1940. In den Wirren des Kriegsendes verließ sie mit ihrer verwitweten Mutter für immer die Uckermark und blieb lange Zeit unauffindbar. Erst 1998 konnten wir Tütchen, wie sie genant wurde, in Berlin endlich begegnen, wo sie als Rentnerin lebt.

Seitdem gab es mehrere Gespräche über ihre Zeit bei Ditzens, im Jahre 1999 war Frau Buhrs Ehrengast bei den Hans-Fallada-Tagen in Carwitz.

Ach, ich denke alle Tage an Euch

Ich stamme aus Zehdenick. Mein Vater Franz Malingriaux war Viehhändler, später betrieben meine Eltern in Hammelspring bei Templin eine Gastwirtschaft. Meine Mutter hatte eine Halbschwester, eine wesentlich jüngere, die hieß Miezi, und die hat mich mal mit nach Carwitz genommen. Sie war bei Ditzens als Haustochter angestellt und war ein paar Tage krankgeschrieben, und da sagte sie zu mir: „Komm doch mit, ich muss mal zu Ditzens hin, etwas klären." Und dann haben wir eine lange, lange Radtour gemacht, sind kilometerweit durch den Wald, bei Dabelow quer durch den Wald gefahren. In Carwitz gefiel es mir, und ich wurde gefragt, ob ich eventuell Lust hätte, als Haustochter zu kommen. Da hab ich gesagt, ich müsste natürlich erst mal mit meinen Eltern reden. Aber Lust hatte ich, ich sollte sowieso ein Pflichtjahr [1] machen, also entweder gehst du zum Arbeitsdienst oder zum Pflichtjahr - oder sogar beides, so war das damals. Arbeitsdienst war bei uns nicht beliebt, weil mein Vater eben kein Nazi war. Ich weiß noch, wie der Lehrer in der Schule sich gewundert hat, als ich Montag früh zur Schule kam, zum erstenmal mit zum BDM: „Nanu, Gertrud, Du auch??" Das hatte er nicht erwartet, aber alle waren dabei, und ich konnte mich auch nicht ausschließen. Nein, meine Eltern waren keine Nazis, das wusste man in Zehdenick.

Na, ich hab mich von der Miezi dann überreden lassen zu diesem Pflichtjahr in Carwitz, dabei ist sie selbst bald darauf weg von Ditzens. Sie hatte in dem Dorf dort ihren späteren Mann kennen gelernt, ein Herr Schulz war das, Willi Schulz.

Tütchen, Friedel und Lilo, 1938/39

Ich kam also nach Carwitz, es war Ende November 1936. Meine Eltern brachten mich hin, mein Vater hatte schon einen Wagen, einen Ford, nicht so groß wie der von Ditzens später, die hatten ja einen schickeren, einen Ford V8. Unser Auto war kleiner, hatte aber hinten einen Anhänger dran, mein Vater ist als Viehhändler ja ständig über Land gefahren. Bald danach zu Weihnachten kam schon das erste große Heimweh. Ich habe so ein Heimweh gehabt, war ja noch ein Kind, grade 15 geworden.

Zuerst war also noch die Miezi da, und dann kam die Friedel Maroffke. Wenn ich mich nicht irre, ist die irgendwo aus Lüdenscheidt gewesen, und dann waren wir mit Lilo und Friedel zu dritt, aber das war erst, als ich das zweite Mal hier war, 1939. Die Friedel, die rannte mit einem Turnhemd rum, wo so ein BDM-Abzeichen drauf war, so etwas hatte ich nicht. Sie ist, als sie später von Carwitz weggegangen war, irgendeine BDM-Führerin oder so etwas im Arbeitsdienst geworden, ich habe noch mal einen Brief von ihr bekommen, aber später von Friedel Maroffke nie wieder etwas gehört.

Zu Anfang haben sie ja alle Gertrud zu mir gesagt, dann war ich mit einmal Trudchen, und Mückchen war ja nun sehr klein damals, und da haben wir immer mit ihr geübt: „Sag mal Trudchen!" „Tütchen", sagte sie, sie konnte meinen Namen nicht aussprechen, so kam ich zu meinem Namen Tütchen, sie konnte nicht Trudchen sagen, nur immer Tütchen, manchmal hat sie auch Tüta gesagt, sie hat meine beiden Spitznamen erfunden, mal Tütchen und mal Tüta.
Zu Herrn Ditzen haben wir Chef gesagt, zur Mummi natürlich Frau Ditzen.
Erst mal war alles schwierig, ich war ja noch ein Kind, wie ich sagte, von Tuten und Blasen keine Ahnung, alles musste ich erst lernen. Bei uns zu Hause war es nicht üblich, dass man soviel helfen musste, höchstens mal abwaschen, abtrocknen natürlich, da war es bei Ditzens zuerst gar nicht so einfach.

Also morgens um 6.00 Uhr aufstehen, jeden Tag um 6.00 Uhr aufstehen. Dann wurde erst mal geheizt, das Herrenzimmer musste bis um viertel acht fertig sein, und dann das Esszimmer. Die Öfen waren angemacht und bullerten, jeder Ofen für sich, nicht mit 'ner glühenden Kohle von einem Ofen zum andern, sondern wir hatten Kien, Kienspäne zum Anmachen. Das ging wunderbar, die brannten sofort, waren prima Feueranzünder.

Ach, mit dem Heizen hab ich mir auch mal so ein Ding geleistet, in unserem Zimmer oben. Ich hatte Feuer gemacht, und es musste ja später immer ein zweites Mal nachgeheizt werden, da hab ich gleich die Kohlen schön vor den Ofen gelegt, und dann runter an die Arbeit. Am Nachmittag in der Freistunde komm ich die Treppe hoch, mach die Tür auf, ein Qualm schlägt mir entgegen, alles schwarz, die Kohlen vor dem Ofen glühen, es waren schon die Dielen angefressen. Was für einen Schreck hab ich gehabt! Es war schon alles richtig verräuchert, eine Aufregung, ich weiß überhaupt nicht mehr, was ich gemacht hab, sicher mit Wasser gelöscht, ein Dreck, Qualm, nein, wenn ich noch dran denke! Aber da haben Ditzens gar nicht mal so doll mit mir geschimpft, das Haus hätte doch abbrennen können, aber sie waren wohl auch erschrocken und hatten vielleicht Mitleid mit mir. [2]

Ich habe in den Jahren, die ich in Carwitz war, alles mögliche gelernt und viel gearbeitet. Der Tag ging mit Saubermachen los, Herren- und Esszimmer, wie gesagt, dann das Schlafzimmer, danach die anderen Räume. Ich hab das ja als junges Ding am Anfang gar nicht so ernst genommen, die erste Zeit, und wie ich einmal mit dem Schlafzimmer fertig war, das werd ich nie vergessen, da kommt Mummi und sagt: „Komm mal mit, Tütchen, kuck mal da oben in der Ecke, siehst Du das?" Da war ein großes Spinngewebe, so ein Ärger. Ich hab mich geschämt und war gleich ganz unten. So etwas kam anfangs öfters vor, doch Mummi hat mich anschließend immer getröstet: „Du brauchst doch nicht gleich zu weinen!" Die Arbeit wechselte ständig, einmal Küchendienst, einmal Zimmerdienst, Schuhe putzen, links unten im Windfang, da hab ich feste zu tun gehabt. Da hat Mummi mich auch mal rangekriegt, Schuhe wienern, das war immer eine tolle Sache. Und der Chef war darin sehr genau, richtig etepetete, die Schuhe mussten nur so glänzen.
Beim Bügeln hat Mummi öfter gesagt: „Also Tütchen, hier musst du noch mal rüber, das geht noch nicht so!" Wenn ich heute die Wahl habe: Backen, Kochen - oder Bügeln, dann will ich lieber backen oder kochen, nur nicht bügeln.
In einem Zeugnis steht ja auch was von Schlachten, das ich in Carwitz gelernt hätte - also das war so: wir haben das Rückenfett und die Liesen kleingeschnitten, das war schon alles, an viel mehr kann ich mich eigentlich gar nicht erin-

nern. Es war ja ein Schlachter da, der alles gemacht hat. Frau Wendel vom „Deutschen Haus" in Feldberg hat wohl auch geholfen beim Schlachten und Wurstmachen, aber das war mehr am Anfang, als Ditzens gerade nach Carwitz gekommen waren. Zu meiner Zeit kam die schon nicht mehr, denn Mummi konnte das dann alles ganz genau und gut. Der Schlachter hat nicht nur das Tier getötet, sondern auch ausgeschlachtet - ich weiß nur noch, dass ich einmal Blut rühren musste, dabei hab ich mich etwas geekelt.

Im Keller hab ich oft genug gebuttert, da hab ich viele Stunden gestanden und die Kurbel gedreht und geknetet und geknetet, ich kann heute noch buttern. Zu den großen Anstrengungen gehörte auch das Pflaumenmuskochen, das geschah in der Waschküche, der Kessel war voll Pflaumen, mit einem großen Schieber musste das Mus ständig gerührt werden, aber es schmeckte den ganzen Winter lang wunderbar.

Eine große Arbeit im Herbst war immer: Einwecken, einwecken, einwecken, eine andere: Bügeln, bügeln, bügeln!!! Das spielte sich alles in der Küche ab, wir haben zu zweit gebügelt, eine stand am Plättbrett und eine, meistens ich, am Tisch. In der Ecke der Küchentisch mit dem Schubfach dran, einfach eine Decke drauf und gebügelt ohne Ende. Meine Hemden waren nie gut genug, ich bin heut noch keine Hemdenbüglerin, aber vielleicht bin ich auch zu selbstkritisch geworden bei Ditzens damals, meine Nachbarn sagen heute noch: „Also, an Deinem Kuchen hast du immer was zu meckern, dabei ist der ganz große Klasse!" Aber das ist so meine Art.

Bald war Weihnachten, und da hatte jeder seinen Gabentisch, aber was ich bekommen habe - ich weiß es nicht mehr, das ist ja alles weg seit 45, da gibt es nichts mehr, auch kaum eine Erinnerung. Allerdings, etwas weiß ich doch noch: Als erstes habe ich zu Weihnachten das Buch „Kleiner Mann - was nun?" gekriegt, etwas später hat er mich gefragt, wie es mir gefallen hat. Na, schwindeln wollte ich auch nicht, ich war damals bestimmt noch viel zu jung für so einen Roman und hab gesagt: „Also nicht so gut", aber er hat auf meine ehrliche Antwort gar nicht reagiert.

Weihnachten haben sie es immer sehr schön gemacht, das muss man schon sagen, bei meinem ersten Fest in Carwitz lag neben dem Geschenk auf meinem Tisch ein Zettel: „Ein Anruf nach Hause!" Wie so ein Gutschein. Das hab ich dann gleich eingelöst, aber ich hatte so ein Heimweh, ich konnte vor Heulen nicht sprechen, meine Eltern am anderen Ende haben nichts verstanden, sie haben mir ein frohes Fest gewünscht, doch von meinen Grüßen haben sie nicht viel mitgekriegt, so hab ich in den Hörer reingeschluchzt. Aber das war eben der Anfang, nachher hab ich mich sehr wohlgefühlt in Carwitz.

Weihnachten in Carwitz, 1938

Dass das Heimweh nicht gleich so groß wurde, hatte ich von zu Hause meine Lieblingspuppe mit nach Carwitz genommen, das war die Ilse. Ich hatte mir einige Zeit vorher die Haare kurz schneiden lassen, trug nun statt der Zöpfe einen Bubikopf, wie das damals Mode war. Unsere Handarbeitslehrerin, bei der ich schon ganz zeitig das Häkeln gelernt hatte, die war sehr geschickt. Und weil sie mich gern hatte, machte sie mir aus meinen schönen langen Zöpfen Perücken für meine Puppen. Auch Ilse, mein Liebling, bekam so einen wundervollen Kopfputz von meinem eigenen Haar. Mückchen, Ditzens fünfjähriges Töchterchen, hatte bald ein Auge auf meine Puppe geworfen, sie wollte sie haben und quengelte und drängelte. Dem Betteln der Kleinen konnte ich auf die Dauer nicht widerstehen, und schließlich habe ich ihr meine Puppe überlassen. Als ich aber einmal die geliebte Ilse unter Mückes Bett fand, da war ich traurig, und ein bisschen fühl ich es heute noch.

Das Haus, die Zimmer seh ich noch deutlich vor mir. Besonders das Herrenzimmer. Vorne stand der große Schreibtisch. Wenn man vom Esszimmer kam, gab es links eine kleine Truhe, da war der Schallplattenspieler drin und die Schallplatten. Er hat uns manchmal eine Claire-Waldoff-Platte aufgelegt oder einen Walzer, und danach haben Lilo und ich getanzt. Mummi und er wollten es ja, dass wir da getanzt haben, auf dem Teppich. Lilo konnte prima tanzen, ich bin nicht so ein doller Tänzer gewesen, und auf dem Teppich ging es natürlich schwer, aber es ging, und sie haben sich drüber gefreut.

Links um die Ecke die Couch, davor ein kleiner runder Tisch, und da haben wir nachmittags unsere Tasse Kaffee getrunken. Wir haben auf der Couch gesessen, die Sessel waren erst etwas später da; als sie kamen, ganz neu, war ich dabei. Mummis Sessel hatte so schräge Seiten, innen geflochten. An der Hinterwand des Herrenzimmers stand das Bücherregal, die ganze Wand voller Bücher, und unter den Fenstern waren auch noch kleine Regale. Neben seinem Schreibtisch stand ein Plüschsessel mit hoher Lehne, vorn am Ofen. Da hab ich manchmal dringesessen, abends und hab gelesen. Sie haben mir immer gesagt: „Wenn Du mal heiratest, dann schenken wir Dir so einen Sessel zur Hochzeit." Das hat leider nicht geklappt. Und an der Wand zum Esszimmer, zwischen Ofen und Tür alles Bücher, Bücher, Bücher.

Wenn wir da unsern Nachmittagskaffee bekommen haben, hat er uns manchmal Gesellschaft geleistet und seine Tasse am Schreibtisch getrunken, Mummi war meistens auch dabei, es war immer lustig.

Aber frühmorgens, wenn wir kurz nach 6.00 Uhr unten erschienen, kam er ja schon und begrüßte uns mit der Herrentasse in der Hand. Die Kaffeemühle an der Wand war noch voll Kaffee, denn er hat sich in der Küche früh seinen ersten Kaffee gleich in der Tasse selbst gebrüht. Die war immer fast halb voll Kaffeesatz, das muss ein furchtbares Getränk gewesen sein. Später wurde es abgeschafft, dass wir im Herrenzimmer unseren Kaffee gekriegt haben, wir waren dann auch nicht mehr so scharf auf die Kaffeepause, es gab zuviel zu tun, da haben wir in der Zeit lieber gebügelt oder etwas anderes erledigt. Aber am Anfang war es tatsächlich manchmal so.

Eigentlich ging alles mit dem Frühstück los. Der Kaffeetisch war fix und fertig, der Chef war immer Punktum da, 7.15 Uhr, bloß Mummi fehlte manchmal noch mit den Kindern. Dann wurde gefrühstückt, im Winter im Esszimmer, im Sommer natürlich alle Mahlzeiten in der schönen Veranda. Mummi saß in der Veranda zur Tür hin, neben sich hatte sie einen kleinen Teewagen, da war ein Toaster drauf. Im Sommer, wenn es sehr warm war, wurden die Fenster hochgeschoben.

An einem Sommertag war es sehr heiß in der Veranda, wir saßen schon und hatten die Suppe auf dem Teller, und es waren Gäste da, ich weiß nicht mehr ob Dr. Burlage oder Dr. Palitzsch[3] mit ihren Frauen - na, jedenfalls hat der Chef uns Mädchen angeguckt: „Na, was ist, wollt Ihr vorher noch ins Wasser?" Wir sind schnell aufgesprungen, runtergerast ins Bootshaus, Sachen aus, wir hatten sowieso nur Turnzeug an, und rein ins Wasser. Wie wir dann wiederkamen, ganz frisch und mit nassen Haaren wurde darüber natürlich gefrotzelt, aber so war es eben auch: Sie haben gemerkt, dass wir wegen der vielen Arbeit und der Hitze ziemlich erschöpft, eben ein bisschen fertig waren - und da durften wir, obwohl die Suppe schon aufgetan war und sogar Gäste am Tisch saßen, noch schnell zur Erfrischung ins Wasser hüpfen, das war doch großzügig und nett [4].

Carwitz, 8. 8. 1937 (vgl. S. 62)

An besonderen Tagen haben wir auch unten am See gefrühstückt, da war so ein kleiner Platz mit einer Mauer, wo wir Kaffee getrunken haben. Am Ufer unten der Tisch, das war wunderbar.
Überhaupt der Garten, der war einfach 'ne Wucht, der war damals in Ordnung, das kann ich nie vergessen. Rechts oben die langen Erdbeerbeete, die Spargel-beete, die Beerensträucher an den Wegen, also das war so ordentlich wie in einer Wohnung. Unterhalb des Hauses zum See hin stand ein Pfahl mit einer grü-nen Blechbüchse. Da hat er jeden Tag die Niederschläge gemessen, in dem grü-nen Blechding war ein Glas drin zum Ablesen der Regenmenge, darin war er sehr pedantisch, ganz genau machte er das jeden Morgen.

Der Gemüsegarten war vor dem Haus zum Dorf hin, unten am See bei den Apfelbäumen stand das Bienenhaus, und da fällt mir eine Geschichte ein, die uns damals sehr aufgeregt hat: Jeden Montag war große Wäsche, deshalb gab es am Montag Eintopf, denn da waren wir ja stundenlang alle in der Waschküche, gegenüber in der Scheune. Wir hatten endlich die Wäsche aufgehängt, aber genau an dem Tag im Frühling machten die Bienen ihren ersten Ausflug, und dabei reinigen sie sich vom Winterdreck, deshalb spricht man auch vom Reinigungsausflug. Und was machten die lieben Bienen? Sie haben sich überall auf die Wäsche gesetzt, auf die schöne weiße frischgewaschene Wäsche, ganze Völkerschaften - na das sah vielleicht aus, die weißen Laken und Tischtücher, ein ganzer Jammer war das für uns!! Alles musste noch einmal gewaschen werden, die ganze Bettwäsche, nein, wenn ich daran noch denke! Die Wäsche hing hinter der Scheune, da standen Wäschepfähle, und z.T. auch auf dem Hof, da waren die Leinen gespannt, aber den Tag vergesse ich nie!

Jeden Nachmittag hatten wir zwei Stunden Freizeit, bei schlechtem Wetter blieben wir oben, im Zimmer. Wenn wir wirklich noch mal runter wollten, haben wir uns oft nicht so richtig getraut, weil die Dielen so knarrten und er so empfindlich war. Denn er hat jeden Nachmittag gelegen, und wenn er uns gehört hat, wie wir über die Treppe runter sind, haben wir das natürlich wieder aufs Butterbrot geschmiert gekriegt. Wenn also das Wetter schön war im Sommer, sind wir meistens gleich untengeblieben, haben im See gebadet oder sind mit dem Paddelboot gefahren. Mit Friedel sind wir einmal durch die Baek gefahren, unter der Brücke durch zum Schmalen Luzin, und auf dem Rückweg, weil das Wasser da immer so kullert, so strömt, hat Friedel das Boot abbremsen wollen, hält das Paddel gegen die Brücke, und ich krieg das Ding hier in die Seite rein. Erst dachte ich, ich hätte eine Rippe gebrochen, so hat das wehgetan. Ich musste dann zum Arzt, hatte Atembeschwerden, aber es war dann doch nicht so schlimm, bald war es wieder weg. Wir sind auch viel geschwommen, einmal sind Mummi und der Chef mit dem Kahn vom Carwitzer See aus bis nach Conow rüber, da bin ich zwei Stunden mitgeschwommen, die ganze Tour, zwei Stunden neben dem Boot. Ich hatte zwar schon meinen Fahrtenschwimmer und Rettungsschwimmer, aber als ich danach aus dem Wasser kam, ich hatte gar kein Gefühl mehr in den Füßen.
Ach, der See war einfach wunderbar, und gebadet haben wir immer, das war ja das Schöne da. Einmal wollte ich ins Wasser springen, auf einmal kam eine Schlange an, ich seh sie noch vor mir, wie sie den Schlangenkopf aus dem Wasser gesteckt hat, und genau auf mich zu. Mir ist bald der Verstand stehen geblieben vor Angst. Dabei war es eine Ringelnatter, die ist ja harmlos, ich hab Tiere so gern, aber Schlangen - die sind für mich furchtbar. Nachher hat sie dann

hier am Dreiecksbeet gelegen. Ich weiß ja nicht, die muss eine Maus oder einen Frosch verschluckt haben, in der Mitte war sie ganz dick. Ich hab Mummi und den Chef und Mücke geholt, alle kamen und haben sich das angesehen, es war eine richtige Attraktion, unter der Tanne lag die Ringelnatter, und in der Mitte hatte sie so eine dicke Beule.
Natürlich haben wir auch im Mondschein gebadet, das war besonders schön.

Die Schwester Sophie[5] habe ich auch kennen gelernt. Auf sie hab ich später eigentlich eine kleine Wut gehabt. Sie hat in irgend so einem Buch[6] gesagt, die Haustöchter wären ja so doof gewesen, die hätten nicht mal gewusst, wann Wasser kocht. Na, wenn sie gesehen hätte, was wir in der Küche alles fertig gekriegt haben, wir hätten sie doch glatt in Grund und Boden gekocht. Aber vielleicht hat sie gar nicht mich gemeint, sie war ja auch schon vor mir in Carwitz gewesen.

Essen wurde ganz großgeschrieben, also wirklich, da gab es alles. Der Chef war ein Feinschmecker, das hat man gemerkt an dem, was auf den Tisch kam. Da gab es richtige Speisenfolgen, vor dem Hauptgang immer erst eine Suppe, das gehörte sich so, zu Anfang eine Suppe, ohne Suppe ging's nie. Und dann gab's anständigen Braten, oft ein riesengroßes Rinderfilet, überhaupt viel Fleisch und

Eine Seite aus Tütchens Kochbuch; Bisquitttorte (zu Tütas Geburtstag)

Fisch, und selbstverständlich Nachtisch, das Essen war immer super. Und es musste gut gekocht sein. Einmal bin ich auch angemeckert worden, weil die holländische Soße ein wenig zu dick war. Und besonders fein musste es sein und war es auch, wenn Gäste kamen. Da haben wir uns besonders angestrengt.

Aber immer auch nicht. Wir hatten, ich weiß nicht wo Mummi gewesen ist zu der Zeit, auch mal eine Hauswirtschafterin in Carwitz. Damit ich es lerne, hat sie mir so in einem alten Heft, noch dazu in deutscher Schrift, alte Kuchenrezepte aufgeschrieben, aber alles solche großen Portionen, da müsste man ja solche Schüsseln haben. Da war also nachmittags ein Anruf. Das Telefon klingelte und klingelte, und wir durften ja niemals stören, wenn der Chef nachmittags geschlafen hat. Da durften wir keinen Mucks machen. Es hörte nicht auf zu klingeln, und da sagte diese Hausdame zu mir: „Nun gehen Sie doch endlich mal ran, Tütchen, und nehmen Sie den Hörer ab!" Das hab ich gemacht. Da war ein Offizier dran, und der fragte: „Können wir Herrn Fallada sprechen?" Ich sagte: „Tut mir leid, es ist jetzt Mittagszeit, ist nicht drin, da darf keiner stören, auch Sie nicht!" Nun weiß ich nicht, wie es dann geklappt hat, jedenfalls eines Tages kamen drei oder vier höhere Offiziere mit einem Chauffeur, und da wurde nun mit der Hausdame beratschlagt, was geben wir denen denn bloß zum Kaffee? Es sollte nicht so viel sein, sonst hätte der Chef bestimmt geschimpft mit uns. Es war ja alles da, bloß die Hauswirtschafterin traute sich nicht, soviel zu machen. Da hat sie Apfelringe gebacken, damit wir was Einfaches anzubieten hatten, am Kaffeetisch nachmittags. Er hat mit denen Kaffee getrunken im Esszimmer, und die Apfelringe haben völlig ausgereicht und auch allen gefallen. Dann waren sie nachher auf dem Hof, ich hab auch mal die Tür aufgemacht und rausgeguckt, hab da gestanden und ein paar Worte mit dem Fahrer gesprochen. Später hat der Chef zur Mummi gesagt, was einer der Offiziere über mich gesprochen hat: „Die Tütchen, die sieht aus wie eine kleine Südfranzösin!" Das hat mich natürlich gefreut und ich habe zum Chef gesagt: „Stimmt ja auch, Chef, Tütchen kommt aus Frankreichs Hugenottenkreisen!"

Also das Essen war sehr gut, besser als zu Hause. Nur am Montag, also am Waschtag, gab es Eintopf. Verwöhnt war ich von zu Hause nicht, meine Mutter kochte auch Eintopf, bloß Kohlrüben, die mochte ich nicht. Steckrüben, wie man auch sagt, die wurden bei uns so matschig gestampft, und das konnte ich nicht essen. Als es nun bei Mummi hieß, es gibt Kohlrüben, da war ich schon satt. In der ersten Zeit hat Mummi zu mir gesagt: „Nein, Du brauchst die, wenn Du das nicht so kennst, nicht zu essen, wenn Du Kohlrüben nicht magst." Aber da dachte ich, du musst es doch mal versuchen, und es schmeckte wunderbar, ganz anders als zu Hause, denn so wie Mummi die gekocht hat, das kannten wir vorher nicht. Seitdem esse ich sie nur noch so, und so koche ich sie heute noch.

Wenn mich heute einer fragt, willst Du Steckrüben, dann sag ich, nee, ich will Kohlrüben, wie sie Mummi immer gemacht hat. Das war so: Die Kohlrüben wurden in Würfel geschnitten, weichgekocht und dann eben nicht gestampft. Dazu ein anständiges Stück Schweinekamm mit reingekocht und kleingeschnittene Kartoffeln. Die Brühe blieb extra und die Kohlrüben auch und die Kartoffeln. Das Stück Kamm wurde nachher rausgenommen und die Seiten schön braun gebraten, in Scheiben geschnitten, und dann alles auf dem Teller serviert, wunderbar! Alles in einem, also als Eintopf gekocht, und wenn sie mich heute fragen: Gänsebraten oder Kohlrüben? - immer nur Kohlrüben, aber sie müssen so sein, wie ich es bei Mummi gelernt habe. Und Apfelklöße, die hab ich auch von Carwitz übernommen, die wurden gern gekocht.

Es gab alles, auch viel Fisch, am tollsten waren immer die Maränen, die damals kleiner waren als heute, so wie Sardinen. Und dann 6 oder 7 Pfund, das war so eine ziemlich große Schüssel voll. Die erst mal alle sauberzumachen, na, das war eine Arbeit, und dann alle braten in der Pfanne, und dann noch Besuch - aber geschmeckt hat es toll. Die Fische bekamen wir vom Fischer, unten rechts im Dorf neben Ottchen Schönfeld, Schleien in Butter und Hecht natürlich, gespickten Hecht, den gab es öfter, und Aal sauergekocht in Aspik. Und alle die schö-

nen Sachen koch ich heute noch, wie ich es gelernt habe! Bei dem Bild vom Wiegen[7], das ich fast als einziges habe, weil es in Büchern ist, fällt mir ein, da hatten sie mich ganz schön fett gefüttert. Ich hör Mummi noch sagen: „Komm Tütchen, wir teilen uns den Rest", von 118 Pfund auf 143, soviel wieg ich heute nicht mehr.

Nein, wenn man bedenkt, dass Krieg war, muss man wirklich sagen, wir haben gut gelebt, das Essen war eigentlich eine Wucht, zu den guten Sachen gab es viel Salat, viel Gemüse

Das Wiegen auf dem Hof:
Hans Fallada, Anna Ditzen,
Uli, Lilo, Tütchen, Juli 1939

aus dem Garten, jede Menge Obst, viel Fleisch, immer eine Suppe, immer ein Kompott, es gab Eis, es gab einfach alles.

Ach, manchmal habe ich auch Ärger gehabt, da fallen mir immer noch nach Jahren so einige Erlebnisse ein: Ich erinnere mich genau, dass wir nach Berlin gefahren sind. Das kam öfter vor, als Mummi dann den Wagen hatte. Gewohnt haben wir immer in derselben Pension, Pension Stössinger in der Lietzenburger Straße am Kudamm. Da war alles ganz fein, und einmal gab es Kohlrouladen, das werd ich auch nie vergessen: Da passierte es mir doch, dass mir die Kohlroulade vom Löffel rutschte, ich hätt' in den Erdboden versinken können. Ich weiß nicht, ob es etwa zur Strafe war, dass ich abends allein zum Marmorhaus musste und mir da einen Film ansehen sollte? Ich wollte gar nicht, aber ich musste hin. Der Chef hat gesagt: „Unbedingt, Du gehst ins Kino und siehst Dir den Film an!" Also musste man es tun. Ich weiß heute gar nicht mehr, welcher Film es war. Mit Tränen bin ich abmarschiert, ich hab mich doch halb tot gegrault, denn ich musste ja nach dem Film auch wieder nach Hause, zu der Pension, dabei kannte ich mich doch nicht aus in Berlin. Schließlich hab ich den Weg gefunden im Großstadtgewühl.

Ein anderes Mal waren wir in Celle, bei der Mutter. Wir wohnten im Hotel „Sandkrug", und da wurde ich abends auch mal weggeschickt und sollte tanzen gehen. Es gab dort ein Tanzcafè in einem Stadtpark, alles voller Soldaten, und ich wollte wieder nicht, aber er hat es gesagt, und da musste ich eben. Ein Glück, die Tochter des Hotelbesitzers, oder war es eine Haustochter wie ich? - die ist mit mir losgezogen, und da haben wir dann geschwoft in dem Cafè bis spät.

Einmal waren wir in Marburg, auch mit Mummi und dem Auto, da haben wir Tante Ada besucht. Wir haben uns in einem Lokal getroffen, und wieder hab ich etwas abgekriegt, das kam so: Wir saßen alle am Tisch, die beiden Kinder, Mummi und der Chef, Tante Ada und ich. Auf einmal sind sie alle aufgestanden - und ich bin sitzen geblieben. Ich wusste das nicht, und es war wieder verkehrt, da hat er mich vor allen anderen angeschnauzt, aber Tante Ada tröstete mich und sagte: „Ist doch nicht so schlimm, Mädchen, nun wein man nicht gleich", und dann hat sie mich gestreichelt. Das ist das einzige, was ich von ihr weiß, dass sie sehr nett war. Und sie muss wohl auch für ihn sehr viel getan haben, denn man hat über sie immer nur Gutes gehört, auch von Mummi und ihm nur gute Worte über Tante Ada, bloß den Anschnauzer, den hab ich nicht vergessen.

An den Carwitzer Krog kann ich mich erinnern, aber dass wir da tanzen waren, weiß ich nicht mehr, da gab es zwei Töchter von Utnehmers, die eine hieß Christa, die andere Evi, und sie hatten auch einen Sohn.

Tütchen und „Onkel Häder", 16. 10. 1938

Tanzen, ich konnte es gar nicht so gut, Lilo dagegen war eine gute Tänzerin. Einmal war in Feldberg Grenadierball, die Soldaten kamen dafür extra aus Neustrelitz rüber. Mummi hatte schon den großen Ford, und Onkel Häder - Mücke kriegte das R nicht raus, sagte nur Onkel Häder, so nannten wir ihn auch - also Onkel Häder hat uns nach Feldberg gebracht, im großen Auto ganz vornehm vorgefahren. Alles hat gestaunt. Ich hatte ein rosafarbenes Taftkleid an, Lilo habe ich mein Konfirmationskleid mit einer rosa Ranke dran geliehen, Friedel im gelben Taftkleid. Wir drei Grazien, wir waren begehrt auf dem Ball, das war ganz toll, kein Tanz blieb aus, alle wunderten sich: Mensch, was sind denn das für hohe Töchter, kommen hier so vornehm an mit Chauffeur. Aber nach Hause konnte uns niemand anders bringen als Licht, der Taxifahrer von Feldberg, denn die Soldaten, die Grenadiere mussten ja zurück in ihre Kasernen. Herr Licht, der hat viele Fahrten für Ditzens gemacht, als sie noch kein Auto hatten, da ist der immer gekommen.

Immer ging es natürlich nicht so feudal zum Tanz. Einmal bin ich im Feldberger Stieglitzenkrug tanzen gewesen, da hat mich Siegfried Schönfeld auf dem Fahrrad mitgenommen vorne auf der Stange. Der Siegfried, das war so ein großer, blonder Junge, der sich mit mir immer verabreden wollte. Er schrieb mir kleine Zettel, wo er auf mich wartet, aber ich wollte nicht. Ich hatte damals einen Freund in Zehdenick, das war Hänschen Schröder. Und da wurden mir die Zettel von dem Siegfried zuviel, bin etwas wütend hingegangen unten zu der kleinen Brücke am Baumwerder und hab ihm die Meinung gesagt. Friedel und Lilo haben mich vom Fenster aus beobachtet, wie ich losrannte. Natürlich wurde alles im Familienkreis erzählt. Fallada hat das später in einem Buch beschrieben [8.] Wenn wir die Einkäufe machten in Feldberg, hat uns oft Utnehmer mit dem Kutschwagen gefahren. Es kam zwar ins Dorf immer ein Händler mit so einem Planwagen, der brachte Lebensmittel, aber da gab es nur die einfachsten Sachen. Also sind wir mit Utnehmer oft nach Feldberg gefahren. Und der ist mit Ditzens auch zu uns nach Hammelspring gekommen, und Ditzens haben bei uns übernachtet, nicht nur einmal. Die haben Uli besucht in Templin und haben dann bei uns übernachtet im Gasthaus, er mit Mummi und Mücke. Der Chef hatte zu meinem Vater ein sehr gutes Verhältnis. Einmal hat er bei meinem Vater eine Kuh gekauft, und da entstand etwas Ärger, denn die war wohl nicht gut, die hat nicht viel Milch gegeben. Ein Pferd war zu meiner Zeit nicht mehr da, aber eine Kuh hatten wir immer in Carwitz, zwei Schweine wurden immer geschlachtet, und eine Ziege war auch da. Die Kuh zu melken habe ich nicht geschafft, ich hab ziemlich flache Handgelenke, aber die Ziege hab ich gemolken, das konnte ich.

Bei Ditzens gab es oft Besuch. Verwandte und Freunde und auch Leute, die zu ihm wegen seiner Bücher gekommen sind. In dem einen Jahr konnte man die Tage zählen, wo keine Gäste da waren, Mummis Verwandte, Onkel Peter und Tante Tilly aus Hamburg, von seiner Seite die Oma, Burlages und Dr. Palitzsch mit seiner Frau, Mummis Mutter aus Hamburg war auch öfter in Carwitz. Uns fiel auf, dass er sie immer mit Sie und Frau Issel angesprochen hat - und sie hat ihn auch gesiezt, das war für uns sonderbar, es war doch schließlich seine Schwiegermutter.

Einmal war ein Jude da, ich weiß seinen Namen nicht mehr, er kam wohl von einem Verlag. Der Mensch hatte sehr viel Angst, dass wir Mädchen irgendetwas erzählen würden, und da haben der Chef und Mummi zu ihm gesagt: „Sie brauchen keine Angst zu haben, Sie müssen sich keine Sorgen machen, die Mädchen erzählen nichts!" Aber wenn ich an die Friedel denke? Die ging ja ständig zum BDM. Und der Lehrer Schwoch, an den kann ich mich genau erinnern, das war ein Nazi. Ich musste ja damals noch einmal in der Woche zur Schule, Fortbildungsschule hieß das wohl, es blieb uns nichts weiter übrig. Und zum BDM musste ich zuletzt auch noch einmal die Woche, am Nachmittag oder auch mal zum Heimabend. Wir hätten wahrscheinlich auch noch zum Arbeitsdienst gemusst zur Vorstellung nach Neustrelitz, aber das hatte Schwoch vergessen. Der hat den Termin verpasst, uns nichts gesagt - na, ich war froh! Fallada hatte mit dem auch paar mal ziemlichen Tanz, das ging ins Politische rein, aber auf mich konnte er sich da verlassen.

Einmal musste ich abends allein nach Feldberg, die andern Mädchen waren nicht da, mit dem Rad unten am Luzin lang, zum Arzt etwas abholen, ob es Morphium war, ich weiß es nicht, jedenfalls war der Chef krank. Der Dr. Hotop [9], ich weiß noch, wie er zu mir gesagt hat: „Wissen Sie, ist das eigentlich das Richtige für Sie da in Carwitz?" Ich stand so verweint vor ihm, aber nur wegen der Angst auf dem einsamen Weg mit dem Rad am dunklen Luzin lang - und er meinte es wohl anders. Erst später hab ich über das alles erfahren, was auch schon in meiner Zeit mit dem Chef los gewesen sein muss. Aber trinken? Das kenn ich nicht vom Chef. Ich weiß nur noch, dass Mummi einmal eine Flasche Schnaps in den Ausguss gekippt hat. Unter dem Küchenfenster zum Hof gab es ein Schubfach, und da war eine Flasche Alkohol eingeschlossen. Das brauchte Mummi wohl zum Einwecken. Beim Marmeladeeinkochen wurde ein kleines Blättchen vorher in den Alkohol getaucht und aus Haltbarkeitsgründen dann da oben raufgelegt. Deshalb stand im Schub eine Flasche mit hochprozentigem Sprit. Und die hat Mummi eines Tages genommen und weggekippt, das haben wir zuerst nicht richtig verstanden.

Einmal hab ich auch erlebt, wie der Chef vom Mittagstisch im Esszimmer aufgesprungen ist und mit den Fäusten auf die Bilder geschlagen hat, die in der Nische über der Couch an der Wand hingen, er war wie von Sinnen. Wir sind erschrocken, sind aufgesprungen, um den Tisch, er hinter uns her, und da hat Mummi gesagt: „Das ist doch Tütchen, das ist doch Lilo!" Es war eine Mordsaufregung, aber das ist auch das einzige Mal, das ich so etwas erlebt habe.
Ich hab nie gewusst, was da los ist. Es kam bloß vor, dass er mal einen Tag im Bett blieb, und da musste Haferschleim gekocht werden. Wir haben das damals nicht verstanden, heute weiß ich, dass er wohl einen genommen hatte, das hat dann der Magen nicht mitgemacht. Jedes Mal, wenn ein Buch fertig war, war er auch fertig, dann kam er nach Zepernick.
In Zepernick war die Klinik von Dr. Burlage. Burlages, die ich von Carwitz her kannte, waren sehr nette und freundliche Leute.
Einmal war ich in Berlin bei Dr. Burlage zu ärztlicher Behandlung. Uli wohnte bei denen und wusste Bescheid in Berlin. Er ist mit mir von der Kurfürstenstraße zum Breitenbachplatz gefahren, da war damals die Praxis. Wartezimmer voller Leute, und ich war so müde. Es gab jedoch so ein Zwischenzimmer, das hat Dr. Burlage zugemacht, und ich durfte mich auf der Couch ausruhen. Sofort bin ich eingeschlafen, und sie haben mich nicht geweckt. Sie haben die Patienten übern Flur anders ins Sprechzimmer gelassen. Ich war nachher entsetzt: „Um Gottes Willen, warum hat mich denn keiner wachgemacht!" Aber sie haben nur gelächelt.

Ganz zum Schluss meiner Zeit bei Ditzens erlebte ich im April 1940 noch die große Freude, als Achim geboren wurde. Für alle im Haushalt war es, wie man so sagt, ein freudiges Ereignis, als Mummi mit ihrem Baby aus Berlin nach Carwitz heimkehrte. Für mich aber kam dann bald der Abschied, wenige Wochen danach ging ich zurück in mein Elternhaus.

Ich habe in den Jahren bei Ditzens sehr viel erlebt - und auch viel gelernt. Heute liegt das alles weit zurück, aber eins möchte ich doch deutlich sagen: Der Chef war immer korrekt und oft auch freundlich und voller Achtung zu seiner Frau, und sie war es ebenso zu ihm. Ein böses Wort zwischen ihm und Mummi - wir haben es nie gehört!

Tütchen und Achim, 1940

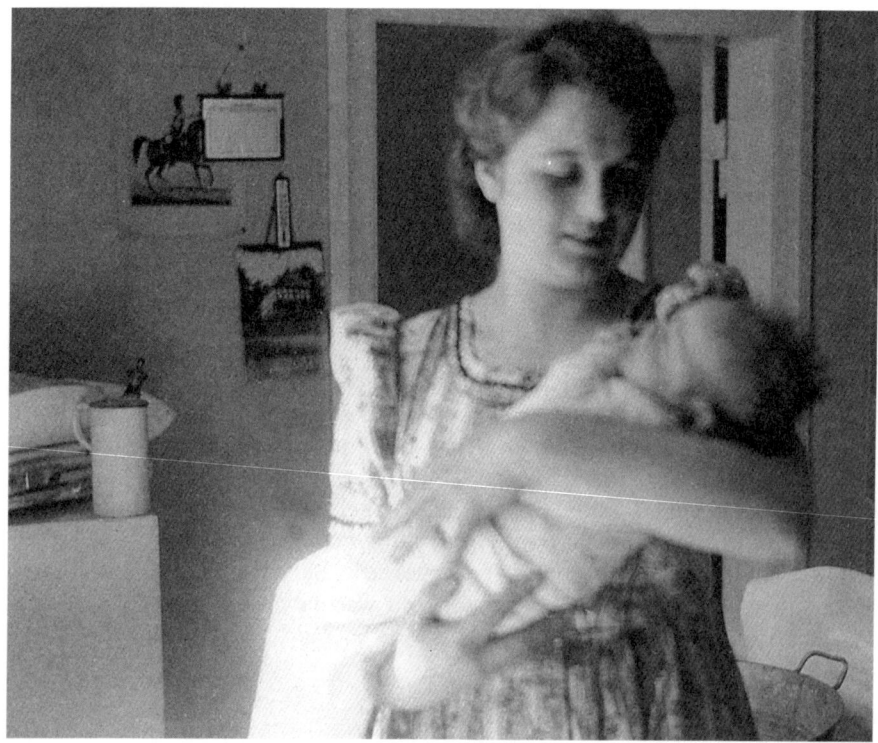

ÜBER GERTRUD MALINGRIAUX:

Diesmal leider etwas Unangenehmes: es hat nämlich vorhin gebrannt bei uns. Droben auf dem Boden, im Mädchenzimmer, Glut aus dem Ofen, Diele, Tür und Tragebalken -... Es ist leider das Debüt unserer neuen Haustochter, Trudchen, ein nettes fünfzehnjähriges Mädchen, aber eben noch ganz unerfahren, sie hat wohl ein bißchen leichtsinnig geheizt, und vor allem Briketts direkt vor den Ofen gelegt.
4. Dezember 1936 an die Eltern

Im Haushalt haben wir jetzt die glücklichste Konstellation, seit wir überhaupt wirtschaften. Wir beten nur immer, daß es so bleibt. Erst einmal die fünfzehnjährige Trudchen Malingriaux, Nichte unserer entlaufenen Lisbeth, dann eine 18-jährige Friedel (Martke) Rheinländerin. Beides nette, frische Mädels, mit denen auch vernünftiges Gespräch zu führen ist, die willig und fleißig bei der Arbeit sind, und immer vergnügt.
17. Januar 1937 an die Eltern

...Tütchen ist mir wirklich so lieb wie eine Adoptivtochter.
22. September 1937 an die Mutter

Ich lege Dir ein paar Bilder bei, die bei dem Besuch unserer früheren (und menschlich liebsten) Haustochter Tüta gemacht wurden. Die im dunklen Kleid ist die Tüta, menschlich gesagt Gertrud, die andere Friedel, die sich übrigens immer besser entwickelt... Der alte Mann auf dem Bilde ist unser Faktotum, der 72 jährige Opa Lewerenz, der Viehversorger und Rumpussler.
6. November 1938 an die Eltern

Tütchen hat sich entschlossen, erst einmal vorläufig bei uns zu bleiben. Ich drücke das genauso vorsichtig wie sie aus. Was sie nämlich abhielt, uns fest zuzusagen, was ihr den Entschluß wieder bei uns einzuziehen, schwer machte, ist ihre zu große Liebe zu uns. Sie hat Suse gestanden, daß sie es gar nicht ertragen kann, wenn die Kinder oder ich krank werden. Sie regt sich dann so unsinnig auf, wird beinahe mit krank. Wir haben ihr gut zugeredet, auch unseren festen Entschluß verkündet, erst einmal nicht wieder krank zu werden. Sie ist wirklich wie eine große Tochter für uns, Suse und ich, wir lieben sie beide sehr, mit ihrem Humor, ihrer Treue, ihrer menschlichen Zuverlässigkeit...
15. Februar 1939 an die Mutter

Freilich, Tütchen hat jetzt überhaupt keine große Lust mehr. Sie ist froh, daß sie von uns weg kommt, nein, das habe ich falsch gesagt, sie freut sich, daß sie wie-

der einmal eine andere Umgebung zu seben kriegt, denn drei Jahre Carwitz sind für einen jungen Menschen alles Mögliche, aber sie graut sich vor der Gastwirtschaft, die ihre Eltern übernehmen. So etwas liegt ihr nicht.
21. Mai 1940 an die Eltern

31 Tage Zinst. 81-279	Dienstag – März 21		
Hochwasser Cuxhav. 1.23 13.50 Hamburg 5.40 18. 7	**Niedrigwasser** Cuxhav. 8.23 20.31 Hamburg 0.55 13.23	**Hochwasser** Bremerh. 1.39 14. 6 Bremen 4. 3 16.30	**Niedrigwasser** Bremerh. 8.31 20.39 Bremen 11.50 23.58

Frühlingsanfang

[handschriftliche Notizen]

Aus der Tageskladde: „Kuh von Malingriaux gekauft", 1939

ZEUGNISSE

Frau Anna D i t z e n
Carwitz, am 14. April 1938.

Post Feldberg/Meckl.
Telef. Feldberg 76.

Z e u g n i s .

Gertrud Malingriaux, geboren am 7. XI. 1921 in Hammelspring, Kreis Templin,
war vom 30. November 1936 bis zum 14. April 1938 in meinem ländlichen
Villenhaushalt als Haustochter tätig.

Sie hat während dieser Zeit alle in einem solchen Haushalt vorkommenden
Arbeiten kennen gelernt, einschließlich Waschen, Plätten, Einmachen und
Schlachten. Sie hat die Kinder versorgen müssen, ab und zu auch selbständig
gekocht. Daneben hat sie in dem großen Gemüsegarten mit geholfen, Melken und
Buttern gelernt, auch aushilfsweise die Schweine versorgt.

Bei all diesen Arbeiten hat sie guten Willen, Fleiß und rasche Auffassung bewie-
sen, sie besitzt für ihr Alter ausgezeichnete Kenntnisse.

Besonders hervorheben möchte ich aber ihren freundlichen, willigen, zuverlässi-
gen Charakter: Gertrud ist ein Mensch, auf den man sich verlassen kann. Sie ist
in den fast anderthalb Jahren, die sie bei mir tätig war, uns allen lieb geworden.
Es tut uns sehr leid, daß sie uns, um ihre erkrankte Mutter zu pflegen, verlassen
muß. Wir wünschen ihr für die Zukunft das Allerbeste!

Carwitz, am 14. April 1938.

BRIEFE

Zehdenick, den 18. 9. 39
Lieber Herr Ditzen, liebe Frau Ditzen, liebe kleine Mücke!
Für Ihre liebe Karte danke ich schön, auch für die nachgesandte. Das war ein
freudiger Schreck in der Morgenstunde. Am Donnerstag werde ich nun wieder
gen Carwitz gondeln. Ich freue mich schon, Zeit ist noch unbestimmt.
Hier ist jetzt auch nicht viel los. Ursel und ich, wir haben ganz nette Stunden ver-
lebt. Doch alles andere werde ich ... erzählen. Ich hoffe, in Carwitz sind alle
gesund. Was macht denn Traute u. Anneliese? Eigentlich hätte ich ja mal schrei-
ben müssen, aber ich bin sehr schreibfaul. Grüßen Sie bitte Anneliese u. Traute
u. sagen Sie, ich hätte schon Angst vor Schelte. Also am Donnerstag! Bis dahin
herzliche Grüße von Ihrer Tüta, die sich schon auf Carwitz freut.
Mutti und Vati lassen auch grüßen

Frau Anna Ditzen
Carwitz, am 8. Oktober 1939

Post Feldberg/Meckl.

Liebe Frau Malingriaux,
mit Ihrem Paket haben Sie mir eine große Freude gemacht - und nicht nur mir,
denn mein Mann freut sich ebenfalls sehr der schönen Hühnchen. Haben Sie tau-
send Dank! Es war großartig, daß es so gut klappte. - Das Geld geht morgen an
Sie ab.
Wir wollen nun auch Hühnerzüchter werden, mein Mann hat einen kleinen
Hühnerstall gebaut, und nun suchen wir 12 Legehennen. Es scheinen aber keine
zu kriegen zu sein. Wenn gar nichts hilft, werden wir uns vielleicht noch mal an
Ihren Mann um Hilfe wenden müssen; vielleicht kann er es möglich machen.
Hier ist noch immer unendlich viel mit Ernten und Einmachen zu tun. Man
bekommt überhaupt keine Leute. Aber gestern ist Onkel Räder auf Urlaub gekom-
men, für vier Tage, weil er so gut geschossen hat, da wird es wieder ein bißchen
klappen. Freilich, bis zum Winter muß noch viel getan werden.
Tütchen ist glänzend in Form. Seit eine gewisse Postverbindung wieder funktio-

niert, geht sie wie beschwingt herum. Räder brachte die Nachricht mit, daß das Regiment schon in den nächsten Tagen nach Neustrelitz kommt. Sie können sich die Stimmung denken! Aber sie ist so glücklich und doch kindlich dabei, daß man sich wohl gar keine Sorgen machen muß.
Wir danken Ihnen nochmals sehr schön und grüßen Sie alle.
Ihre Anna Ditzen

Brief

Zehdenick, den 29.2.40
Meine lieben Carwitzer!
Zuerst möchte ich Ihnen danken für die Mühe, die Sie sich meinetwegen gemacht haben. Von Herrn u. Frau Dr. Burlage ist das wirklich sehr nett, aber ich habe ein bißchen Angst. Nur gut, daß Uli noch da ist, ein kleiner Trost für mich. Na, ich will mir Mühe geben. In Carwitz scheint alles recht guter Stimmung zu sein, das macht mich richtig froh. Gesund ist doch hoffentlich auch alles, ich habe ein richtiges schlechtes Gewissen, weil ich in der letzten Zeit immer so brummig war, aber ich verspreche Ihnen, daß ich mit einer guten Stimmung nach Hause komme. Viel Abwechslung habe ich hier ja augenblicklich auch nicht, aber es tut mir gut. Einen sehr netten Tag hatte ich am Mittwoch, der hat mich richtig aufgekratzt. Später werde ich Ihnen alles erzählen, man merkt ja doch, daß es Frühling wird, ich meine nicht nur, weil draußen der ganze Schnee schmilzt, auch so. Was macht denn Mückchen, hat sie schon mal nach mir gefragt? Ich habe mich sehr über ihre nette Karte gefreut. Mückchen hat mir nämlich geschrieben, daß Polly ihren Kopf immer schiefer hält, das finde ich zu niedlich. Nun hätte ich gerne noch einen Rat, wir haben nämlich gar keine Fleischkarten, ich würde ja sehr gerne einen schönen Braten mitnehmen, Dr. Burlages essen doch auch gerne Fleisch, aber ich weiß nicht, ob das angenehm sein wird, können Sie mir raten?
Für heute soll es genug sein, es ist schon 22 Uhr und ich will noch schnell zum Postkasten.
Recht herzliche Grüße an Sie alle
von Ihrer Tüta.

Meine Eltern lassen auch schön grüßen.
Eben fällt mir noch ein, das Paket schicke ich erst am Sonnabend, ich bekomme überall nur ein Päckchen Tabak, es lohnt noch nicht. Für Mummi habe ich ein Paar Strümpfe und Stopfgarn gekauft, ohne natürlich.

Lahnwitz, den 29.2.40.

Meine lieben Verwandten!

Zuerst möchte ich Ihnen danken für die Mühe, die Sie
sich meinetwegen gemacht haben. Von Herrn u. Frau die
Bücher ist das wirklich sehr nett, aber ich habe ein bißchen
Angst. Nur gut das Wh. wie es ist, ein kleiner Trost für
mich. Ja, ich will mir Mühe geben.
In Lahnwitz scheint alles nicht guter Stimmung zu
sein, das macht mich richtig froh. Hätt es ist doch Heffand;
dich auch alles, ich habe ein richtiges schlechtes Gewissen,
weil ich in der letzten Zeit immer so brummig war,
aber ich verspreche Ihnen das ich mit einer guten
Stimmung nach Hause komme. Viel Abwechslung
habe ich hier so augenblicklich auch nicht, aber es tut
mir gut. Einen sehr nassen Tag hatte ich am Mittwoch
der hat mich richtig aufgeweicht. Später werde ich Ihnen
alles erzählen, man merkt ja doch das es Frühling
wird, ich müße mich nur weil draußen der ganz
Schnee schmilzt, auch so.
Das mache dem Mütchen, hat sie schon mal nach mir
gefragt, ich habe mich sehr über ihn erste Worte gefreut

Brief

Carwitz, den 10.4.40
Liebe Mummi!
Nicht wahr, heute darf ich doch mal so sagen. Sie glauben gar nicht, wie sehr wir uns zum Brüderchen gefreut haben, doch so richtig kann ich mich noch gar nicht an den Gedanken gewöhnen, aber ich glaube, das wird schon kommen, wenn es erst hier ist, hoffentlich recht bald.
Hier bei uns geht alles gut. Die große Wäsche haben wir gut überstanden. Unsere Bienen hatten sich für ihren Reinigungsausflug gerade unseren Waschtag ausgesucht, aber wir hatten noch mal Glück. Heute haben wir zwei Glucken gesetzt, eine von Opa und eine von uns. Der Gänsestall ist auch bald fertig. Die Maurer sind tüchtig zu Gang. Mücke geht ja nun alle Tage in die Schule, sie ist ganz fidel und freut sich schon sehr auf das Wiederkommen ihrer Mummi und auf das Brüderchen. Der Papa ist sehr stolz auf seinen Sohnemann, so nennt er ihn nämlich. Die Stimmung ist sehr gut. Augenblicklich ist er ein bißchen bedrückt, weil Uli noch nicht geschrieben hat. Hertha und mir geht es gut. Anneliese war heute wieder zum Arzt, der ihr den Magen ausgehoben hat, sie kam ziemlich erledigt nach Hause. Nun wünsche ich Ihnen weiterhin alles Gute und daß Sie recht bald mit Achim nach Carwitz kommen.
Herzliche Grüße
Ihr Tüta
N. S. Zur Berichtigung: Hertha hat nur eine Glucke gesetzt, die von Opa. Unsere sitzt nur so auf dem Nest und will das Nestei ausbrüten.
Hertha läßt auch herzlich grüßen

Brief

Meine lieben Carwitzer!
Wir sind am Sonnabend gut gelandet. Die Arbeit ist bei uns nicht knapp. Nun ist mein Vater plötzlich krank geworden und nun lastet alles auf Mutti, sie sieht schon ganz elend aus. Morgen geht es ganz nach Hammelspring und deshalb wollte ich das Päckchen gerne los sein. Wie geht es in Carwitz? Ich würde mich freuen, recht bald von Ihnen zu hören. Für heute muß es genug sein. Herzliche Grüße Ihre Tüta
Meine Eltern lassen recht herzlich grüßen.

Tabak	*1,00 RM*
Stopfgarn	*,50 „*
Gummiband	*,35 „*
	1,85 RM

Frau Anna   D i t z e n
Carwitz, am 25. Mai 1940.

Post Feldberg/Meckl.

Z e u g n i s

Fräulein Gertrud Malingriaux, geboren am 7.11.1921 in Hammelspring, Kreis Templin, die bereites einmal vom 30.11.1936 bis zum 14.4.1938 in meinem Haushalt tätig war, hat neuerdings von der Zeit vom 21.1.1939 bis heute bei mir gearbeitet.

Meinem damaligen Zeugnis habe ich nur hinzuzusetzen, dass Frl. Malingriaux in dieser Zeit sehr viel selbstständiger in ihrer Arbeit geworden ist. Sie hat während längerer Reisen von mir meinen aus sieben Personen bestehenden Haushalt selbständig geführt, auch allein gekocht, und zwar ausgezeichnet.

Ihr gutes Verhältnis zu uns, ihr zuverlässiger, freundlicher Charakter haben sich nicht geändert. Wir bedauern ihren Abgang, sie wünscht zu ihren Eltern zurückzugehen, um ihnen zu helfen.

Wir wünschen ihr das Allerbeste!

Carwitz, am 25. Mai 1940.

Brief

Ditzens
Carwitz, am 29. Mai 1940

Post Feldberg/Meckl.

Liebes Tütchen,
wir danken Dir schön für Dein Päckchen, das war sehr nett von Dir, daß Du in
all dem Trubel noch daran gedacht hast! Da Du sowohl für die Mummi wie für
das Väterchen gesorgt hast, danken wir Dir alle beide! Nur hast Du leider, bumm-
lig, wie Du mal bist, vergessen, die beiden Gänse und den gekochten Schinken
dazu zu packen, nun, das nehmen wir Dir nicht weiter übel, das hast Du Dir
sicher für Hammelspring aufgehoben.
(...) den Umzug habt Ihr nun wohl überstanden. Und nun kommt das Einrichten
und Einleben, es wird sicher doch ganz nett für Dich werden - hier hätten Dich
ja bald die Motten aufgefressen. Natürlich fehlst Du uns noch an allen Ecken und
Enden, aber daran muß man sich nun eben gewöhnen, daß die halbe Tochter
nun eine ferne Tochter geworden ist. Du wirst oft an uns denken, so begegnen wir
uns auf halbem Wege.
Viel Neues haben wir nicht zu melden. Ich bin von Berlin zurück, etwas früher
sogar, als ich wollte, aber es war eben wieder an der Zeit. Jetzt ist es aber ausge-
standen, und in diesen Tagen will ich mit einem neuen Roman anfangen und
sehr fleißig sein. - Mummi ramentert im Hause herum, mein Arbeitszimmer ist
schon fertig. Mit Rose wird es wohl nicht viel und nicht lange, heute sollte sie mal
in der Küche plätten, und ich traf sie dabei, wie sie immer wieder versuchte, den
Plätteisenstecker in die Telefonsteckdose reinzukriegen. Dann gelang es ihr nicht,
das Plättbrett aus dem Schranke zu kriegen. Unterdes hatte Hertha ihren freien
Nachmittag und brauste grade hier ab, um in Feldberg um 6 ins Kino zu gehen,
als die ersten Donnerschläge ertönten. Ganz bis Feldberg ist sie freilich nicht
gekommen, sondern nur bis zu Utnehmer. Da hat sie dann 2 Stunden gesessen
und kam in einer dollen Husche völlig durchnässt wieder zu uns und ging gleich
bis morgen früh ins Bett. - Der Kühlschrank geht wieder, und ich bin heute etwa
70 mal von den Bienen in die Hände gestochen worden. Ich habe richtige molli-
ge Patschhändchen, genau wie Du. Darüber war ich so beleidigt, daß ich mich
in den See stürzte. Ich fand das Wasser aber doch noch recht kalt und begab mich
nach genau 100 Schwimmstößen wieder in die warme Luft.
Es tut uns sehr leid, daß es Deinem Vater gar nicht gut geht, der neigt doch sonst
nicht zum Kranksein. Da Ihr nun Selbstversorger seid, kannst Du ihm als holdes
Wirtstöchterlein aus eigenen Beständen einen starken Grog brauen. - Mummi

*braucht 4 Pfund Seifenstein. Für Tabak usw. lege ich Dir 2 Mark bei, hast Du
noch 25 Pfennig für Porto druff gelegt, die ich mal bei Euch abtrinken werde.
Mach's gut ...*
Dein uralter Brötchengeber

Brief

Hammelspring, den 11. Juni 1940

Liebes Väterchen, liebe Mummi!
*Nun will ich aber schleunigst Ihren Brief beantworten, zuerst einmal recht herz-
lichen Dank. Wie sehr ich mich dazu gefreut habe, brauche ich wohl gar nicht
erst zu sagen, und doch ist es nicht ohne Tränen abgegangen, mir wurde plötzlich ganz komisch. Vom schlechten Gewissen geplagt, bin ich dann am Montag
zum Fernsprecher gelaufen, Uli, der arme Kerl, tut mir schrecklich leid. Heute
wollte ich nun zu ihm, hoffentlich wird er bald wieder gesund, ich habe mich so
auf ihn gefreut. Mücke geht es wohl wieder gut, sie war sicher sehr traurig, weil
sie gar nicht baden konnte. Und der kleine Achim hatte die Windpocken?
Augenblicklich ist wohl mal wieder alles verhext. Wie geht es denn der lieben
Mummi und dem guten Väterchen, sind denn sie gesund? Eben erhielt ich Ihre
Karte, ich danke schön dafür, es war nur wenig und nicht sehr feierlich. Doch
will ich wegen des verunglückten Päckchens um Verzeihung bitten, ganz so
schuldig, wie Sie mich erklärt haben, bin ich gar nicht, ich hatte den Tabak
zweimal eingewickelt und hatte auf dem ersten Papier verschiedenes geschrie-
ben und auch für den Brief bedankt, es tut mir leid, daß Sie nichts gefunden
haben. Also seien Sie bitte nicht mehr böse, ich bin nämlich ganz zerschmettert,
Mutti hat mich heute schon beschimpft, weil ich den Kopf hängen lasse. Das
Päckchen sollte schon lange weg, aber ich bin wirklich kaum dazu gekommen.
Also bitte, bitte nicht mehr böse sein.*
*Jetzt sollen Sie nun auch hören, wie ich den Tag in Hammelspring klein kriege.
Mutti und ich stehen um 5 Uhr auf. Zuerst muß Kaffee für die Wachleute gekocht
werden (ich weiß nicht, ob ich erzählt habe, daß hier ein Gefangenenlager ist,
hier sind 46 Polen u. 4 Wachleute), ich mache dann schon beide Gaststuben sauber, das dauert ungefähr 2 1/2 Stunden mit allem Drum und Dran. Um 1/2 7
kommt schon der erste Stammgast, den ersten Morgen hatte ich noch alle Stühle
hoch, ich dachte, der wäre aus dem Bett gefallen.*
*Um 1/2 8 Uhr gibt es für uns Kaffee. Nachher wird schon das Essen vorbereitet.
Zwischendurch müssen aber die Gäste bedient werden. Unsere Schlafzimmer, die
oben sind, kann ich meistenteils erst am Nachmittag sauber machen. Um 12 Uhr*

wird gegessen, pünktlich, dann ist ein Riesen-Abwasch da. Vor 4 Uhr sind wir sel-
ten mit der Küche fertig, manchmal bleibt ja noch ein Stündchen zum Schlafen,
aber dann ist man nachher erst recht müde.
Dann schnell umziehen, Kaffee trinken, zwischendurch natürlich immer Gäste
bedienen, ich glaube, so viel, wie wir manchmal an einem Tag haben, hat
Utnehmer kaum in der ganzen Woche. Das geht immer treppauf treppab, gut für
meine schlanke Linie, um 7 Uhr gibt es Abendessen für die Wachleute, nebenbei
wird auch unser Essen gemacht, aber um 10 haben wir oft noch nichts gegessen.
Nach 7 Uhr setzt erst der richtige Betrieb ein. Um 23 Uhr ist Ladenschluß, dann
kann man aber ein vernehmliches Seufzen hören. Aufgeräumt wird auch noch
und Gläser müssen aber auch noch poliert werden. Wann ich Strümpfe stopfen
und Wäsche heil machen soll, ist mir noch nicht eingefallen. Aber es macht mir
viel Spaß. Betrunkene sind noch nicht zu verzeichnen.
Zum Briefeschreiben bin ich wirklich selten aufgelegt. Heute geht es, meine
Schwester hat Urlaub, und da muß ich die Gelegenheit gleich benutzen und
meine Post beantworten. Bier und Schnaps sind gar nicht so knapp, wie immer
gesagt wird, auch Zigaretten gibt es genug, nur Tabak und Zigarren sind schlecht
zu haben: Aber etwas fällt immer ab. Nun würde ich mich freuen, wenn Sie mir
recht bald wieder schreiben würden, ich wüßte doch sehr gern, wie es den
Kindern geht.
In der Hoffnung, daß Sie heute mit mir zufrieden sind,
grüßt Sie herzlich Ihre
Tüta.
Schöne Grüße und Küssings für Mückchen.
N.S. Hat Onkel Räder geschrieben? Von Hanseleinchen erhielt ich schon wieder
Post.
Meinen Brief hat er noch immer nicht.

Brief

Carwitz, am 15. Juni 1940
Unser liebes Tütchen,
wie sehr wir uns über Deinen Brief gefreut haben, kann ich Dir gar nicht sagen!
Das war ein richtiger Töchterbrief - es ist alles wieder gut! Dich muß ich hinwie-
derum um Entschuldigung bitten, daß ich neulich am Telefon so kurz war, ich
habe grade keine besonders guten Tage, hoffe aber, daß es bald besser wird.
Du hast ja ein ziemlich bewegtes und auch arbeitsreiches Leben, da glaube ich,
daß die schlanke Linie überall triumphiert - nun, ich denke, ich werde Gelegen-
heit bekommen, Dich zu besichtigen, wenn ich Uli aus Templin hole. Seiner

Rechnung nach wird er am 15. Juli aus dem Krankenhaus entlassen - dann sind leider schon 14 Tage von den Großen Ferien herum. Der arme Kerl hat wirklich Pech, vor allem wird er schrecklich unter Langeweile leiden. Gottlob liegt er noch mit zwei Schulkameraden zusammen. Aber schlimm ist es doch. Also für diesen Tag mußt Du Dir von Deinen neuen Brötchengebern freigeben lassen.

Mückchen ist nun wieder auf den Beinen, die zuerst noch ein bißchen wacklig waren, jetzt aber wackelt sie schon wieder ganz vergnügt zur Schule. Sie ist ganz die Alte, gestern hat sie zum ersten Mal mit der Schule baden dürfen. Leider hat sie, wie sie sagt, das Schwimmen verlernt, sie weiß immer nicht, was sie mit ihren Beinen anfangen soll. Aber das wird sie schon rasch lernen, zumal auch wieder Frercksens aus Hamburg ihre Ferien hier verbringen wollen. Wann, ist freilich noch ungewiß. - Achim wiegt nun schon elf Pfund, leider hat er auch von der allgemeinen Erkältung was abbekommen.

Hertha hat nun auch schon ihre ersten Schwimmversuche hinter sich, sie hat Wasser geschluckt, ist aber gleich wieder hochgekommen, was für ihren Fettgehalt spricht. - Mummi geht's gut und müde, wie es so sein muß. Rosemarie ist vorläufig noch hier, wir suchen aber schon jemand Neues, wollen gerne, daß sie von ihrer Mutter zurückgerufen wird. Sie bessert sich nicht, eher das Gegenteil. Keine Ahnung von dem, was Arbeit heißt.

Onkel Räder hat geschrieben, nur ganz kurz, wie das bei uns seine Art ist, aber es scheint ihm gut zu gehen. - Am Sonntag Abend war auf unsere Bestellung noch der gute Friseur Kindler hier und hat uns die Haare geschnitten, am Montag haben sie ihn nach Oranienburg gebracht, wie erzählt wird: er soll ein bißchen zu viel geredet haben. Dies sind wohl die Hauptneuigkeiten der Gegend, aber erzählen muß ich Dir doch auch noch, daß mir Herr Schwoch 28 Meter Holz zugeteilt hat, 4 habe ich noch so gekauft, 20 lasse ich mir morgen im Wald durch eine Vier-Männer-Kolonne schlagen - so hoffen wir ohne Frost durch den Winter zu kommen, auch wenn die Kohlen nicht geliefert werden, was neuerdings zweifelhaft zu sein scheint. Der Umbau und die Malerei oben sind nun fertig, das ist aber hübsch geworden. Sogar die Abseiten sind schon aufgeräumt. Die Schränke, die für die Weckgläser gedacht waren, habe ich natürlich schließlich doch für meine Bücher beschlagnahmt, Mummi hat sich seufzend drein gefügt. Für Deine Tabaksendung besten Dank, jetzt gibt's bei Schultz gar nichts mehr, trotzdem Hertha ihn gestern gekitzelt hat. 2 Mark lege ich bei, passt's mal wieder, schick wieder, ich drehe jetzt nicht mehr nur die Tabak-Einwickelpapiere, sondern auch die Tabaktüten nach Ergüssen von Dir um.

Heute kommen Burlackis, ich habe gestern Fleisch gekauft, 6 Pfund Räucheraal sind schon im Anmarsch, wir wollen fröhlich fressen - sogar eine Quarktorte ist im Entstehen. Die Hühnerei und die Enterei geht so weiter. Und bei Dir, alles in Butter, wie? Ach ja, Häseckenkleinmätzchen hat ja geschrieben - ich freu mich,

daß Du Dich freust.
Mach's weiter gut, und wenn Du mal Zeit hast, grüße Deine Ehrwürdigen!
Dein alter

Brief

Liebes Väterchen, liebe Mummi, liebe kl. Mücke!
Vielen, vielen Dank für den netten Brief, jetzt bin ich beruhigt und auch wieder
froh. Das war ein schöner Sonntagsgruß. (...) Ich freue mich, daß alles wieder
gesund ist, der Uli wird ja auch bald wieder gesund werden, ich habe heute schon
Urlaub auf Ehrenwort beantragt, für Templin. Ach, ich denke alle Tage an Euch.
Vielleicht kann ich bald mal auf Sonnabend Sonntag kommen, wenn meine
Schwester Urlaub hat, wird es schon gehen. (...) Sonst ist alles in Butter, Hanse-
leinchen hat sich wohl zufällig meiner erinnert.
Herzliche Grüße an Sie alle
Ihre Tüta

Brief

Hammelspring, den 8.7.40
Liebe Mummi, liebes Väterchen!
Jetzt wird es wohl wieder mal Zeit, daß ich mich für alle lieben Sonntagsgrüße
bedanke, Sie können mir wirklich glauben, der gute Wille fehlt mir bestimmt
nicht, ich komme nicht zum Schreiben. Heute wird es nun aber wirklich etwas.
Wir haben nämlich wieder Tabak bekommen, und den will ich gleich zur Post
schaffen.
Ist in Carwitz alles gesund? Und wann wird Uli geholt? Ich freue mich schon.
Wir sind auch alle gesund, nur sooo schrecklich viel Arbeit. Im letzten Brief
wurde angefragt, ob meine Eltern mit mir zufrieden sind, ich glaube, manchmal
hält es schwer, in Templin werde ich meinem Herzen richtig Luft verschaffen, jetzt
muß ich erst mal Kaffee kochen und dann geht's im Galopp zur Post, hier geht
alles im Dauerlauf. Aber mir ist so, als müßte ich heute noch anrufen, na, will
mal sehen. Wann bekomme ich Nachricht für Templin?
Das Paket Tabak kostet 0,60 RM.
Recht schöne Grüße an Sie alle
Ihre Tüta.
Schimpft nicht, weil ich so geschmiert habe, ich bin schon ganz unruhig, muß
noch mein Zimmer machen.

Brief

Carwitz, am 1. August 1940
Post Feldberg/Meckl.

Liebes Tütchen, ich habe Dir ja als Entschädigung und Dank für Deinen Besuch
einen Sonntagsbrief versprochen, und den sollst Du nun auch bekommen ...
Also Tütchen, hier geht alles, wie es soll. Die Kinder sind weiter vergnügt und
machen manchmal mehr Lärm, als dem Hausherren lieb ist. Achim fängt jetzt
an zu krähen, wenn er seine Mutter sieht, aber nicht immer, und der Junge aus
Duisburg macht sich ganz gut. Paßt zu den andern Kindern. Die Kinder baden
noch immer zweimal alle Tage, mir schaudert es schon bei dem Gedanken.
Sonst ist es sehr still, die Frauen sind alle in der Ernte, nur Anneliese kommt noch,
und der junge Hagen hackt wie wild. Er wird aber noch eine Weile hacken müs-
sen, bis er durch ist. In Dorf und Land gibt es gar nichts Neues. Keiner schwab-
belt mehr in meinem Zimmer unten, ich meine keine, und einen Spaziergang
habe ich auch noch nicht wieder gemacht. Doch, da habe ich fast geschwindelt:
ich bin gestern mit den Jungens in den Wald nach Pilzen geradelt, wir haben
sogar ein paar gefunden, aber das war doch noch zu viel für das alte Väterchen,
erst heute habe ich mich wieder ein bißchen aufgerappelt.
Mückchen erzählt schon immer von ihren Zehdenicker Schuhen, die ja nun
wahrscheinlich morgen oder übermorgen kommen werden, wenn Du welche
bekommen hast. Sie ist die fidelste und unverwüstlichste von der ganzen
Gesellschaft.
Und nun tjüs, liebes Tütchen ... uns hast Du eine große Freude mit Deinem
Besuch gemacht....
Grüße Deine Eltern schön und sei selber herzlich gegrüßt
von Deinen

Briefkarte

Hammelspring, den 2.8.40
Liebes Väterchen, liebe Mummi!
Wie Sie ja schon wissen, bin ich gut zu Haus gelandet. Mutti hat mich gleich ins
Bett geschickt, ich war vor Müdigkeit ganz blaß. Es war schön bei Euch, ich
danke noch mal für alles. Schuhe habe ich nun gekauft, ich hoffe, sie passen, ich
finde sie niedlich, das waren wirklich die festesten, die da waren, an leichte
Lederschuhe ist nicht mehr zu denken. Dann lege ich noch etwas Stopfgarn mit

rein. Wie geht es der lieben Mummi und dem Väterchen, ist die Stimmung noch gut?? Und die Kinder, baden sie noch alle Tage? War Achim am nächsten Tag wieder munter, er hatte doch Bauchweh. Mir geht es gut, bin nur so müde, um 1/2 4 Uhr bin ich schlafen gegangen, und um 1/2 6 Uhr mußte ich schon wieder unten sein...
Herzlichst Tüta

Brief

Carwitz, am 3. August 1940.
Post Feldberg/Meckl.

Unser liebes Tütchen,
wir danken Dir schön für Deine Besorgung. Leider müssen wir Dir die Schuhchen, über die Mücke ganz glücklich war, noch einmal zurücksenden. Sie sind nämlich zu knapp, d.h. Mücke kann sie jetzt grade tragen, laufen sie aber nur eine Spur ein, was bei Stoffschuhen ja immer möglich ist, oder wächst Mückchens Fuss auch nur ein bißchen, so sind sie nicht mehr zu tragen, und das ist in diesen Zeiten der Schuhknappheit doch ein bißchen gefährlich. Du müßtest also eine Nummer größer wählen, vielleicht kann das Deine Schwester für Dich erledigen, damit Du nicht immer auf der Walze bist. - Vielen Dank auch für das Stopfgarn, ich habe mich mit der Mummi mitgefreut. Als Bezahlung lege ich 6 RM bei, das wird mit dem doppelten Porto etwa stimmen. Die Telefongespräche sind unsere Sache, Haustöchter müssen blechen, Besuch aber schwatzt gratis, auch dazu injeladen!
Die Kinder baden immer noch alle Tage, jetzt, wo es so schön warm ist, hat sich ihnen auch Mummi angeschlossen. Auch Hertha hat wieder mit Baden angefangen, sie sagt, sie kann nun schon ein kleines Stückchen schwimmen. Wenn das Wetter weiter gut bleibt, hofft sie doch noch, es in diesem Jahre zu lernen. Mir selbst geht es in den beiden letzten Tagen wieder mäßiger, aber ich denke, ich rappele mich wieder auf. Nur der Schlaf ist saumäßig. Wie Du bin ich auch immer müde, aber wenn Dir die Zeit zum Schlafen fehlt, so fehlt mir die Fähigkeit dazu. Hoffentlich kannst Du bald mal wieder richtig ausschlafen! ...
Herzliche Grüße, auch an Deine Eltern,
Deine

Brief

Carwitz, am 10. August 1940
Post Feldberg/Meckl.

Liebes Tütchen,
heute sind die Schuhe für Mücke angekommen, diesmal passen sie gut. Mutter wie
Tochter sind ganz damit einverstanden, und Mückchen ist schon ganz aufgeregt,
daß sie sie morgen zum Sonntag anziehen darf. Mummi soll unbedingt passen-
de Strümpfe dafür aussuchen, das war ihr letzter Bett-Geh-Wunsch. Schönen
Dank für die Mühe, die Du Dir damit gemacht hast. Aus Deinen Geldgeschichten
finde ich nie raus, Du schickst mir jedes Mal Geld wieder, ich werde noch reich
an Dir! ...
Übrigens hat der wilde Hagen wirklich schon ganz allein alles Buchenholz ge-
hauen, und auch in das Kiefernholz schon eine Lücke geschlagen. Er arbeitet
wirklich wie ein wildes Tier.
Hier geht es allen gut, danke der Nachfrage. Mummi sitzt beinmüde in einem
Sessel und wartet auf den Adoptivsohn Bernhard (der sich recht gut macht), um
die abendliche Reinigung der Nägel vorzunehmen, Bernhard sitzt noch in der
Wanne. Uli ist eben oben zum Karl May entschwunden und freut sich, daß er vor
dem Schlafe noch ein bißchen lesen kann, Mückchen, die mit Begeisterung alle
Tage schwimmt und radelt, schläft längst und hat wohl ihren Radsturz in den
Graben vergessen, vor unserm Haus, grade über den dort liegenden Tele-
grafenpfahl weg. Sie hat aber nicht geweint. Und was das alte Väterchen angeht,
so geht es ihm in dieser Woche recht viel besser, nur die ollen Schlafmittel ist er
noch immer nicht los. Ganz sicher fühle ich mich noch nicht, aber wie gesagt:
sehr viel besser. ...
Laß es Dir recht gut gehen, grüße Deine Eltern schön von uns allen und sei eine
brave Tochter (aber wieder nicht so brav, daß es langweilig wird!)
Herzliche Grüße
Deine

Postkarte

(Poststempel 15.8.40)

Herzliche Grüße aus H. sendet Ihnen Tüta. - Für den Brief danke ich schön, ich
freue mich, daß die Schuhe passen, ich kann mir denken, daß Mückchen ganz
stolz ist. Ich war gestern in Zehdenick, erst im Kino, dann tanzen, es war sehr

nett. Augenblicklich bin ich mal wieder für jede kl. Abwechslung dankbar,
manchmal gibt's doch nichts als Ärger. Ja, ja. Na, ich freu mich schon auf den
22. A., hoffentlich ist gutes Wetter, im Augenblick ist es traurig mit dem Wetter.
Herzlichst Tüta

Brief

Carwitz, am 16. 8.1940
Post Feldberg/Meckl.

Liebes Tütchen
schönen Dank für Deine Karte. So ganz besonders scheint es Dir ja nicht zu
gehen. Immer munter, liebes Mädchen! Das einzig Tröstliche in Deiner Karte ist
der Satz: „Ich war gestern nach Zehdenick, erst im Kino, dann tanzen. E r war
sehr nett." Welcher ‚Er' war das denn? Hänschen? Und nun ist das Tanzen schon
wieder verboten!
Also Tütchen: der bekannte Utnehmer-Ditzensche Aufmarsch vollzieht sich am
nächsten Donnerstag, dem 22. , morgens etwa 1/2 11 Uhr vor dem Uckermärker
Hof. Es wäre schön, wenn Du dann schon da wärst, denn wir wollen zuerst in
das Alumnat fahren und Ulis Sachen aus- und einladen. Da könntest Du mir so
schön bei helfen ... Hier geht alles seinen alten Gang. Uli ist wieder schulreif.
Mückchen freut sich sogar auf die Schule: Dann ist es doch nicht mehr so lang-
weilig! Morgen hat Herr Schwoch Geburtstag, sie ist schon ganz erfüllt davon. Die
Kinder werden ihn mit Blumen und Kränzen, einem Füllfederhalterständer und
zwei Zigarren beschenken. Mummi geht's gut und geschäftig, Herta kriegt ein
schickes Kleid von Irmchen und freut sich wie ein Stint (heute Abend soll sie es
holen) - da bist Du nun also wieder dran. Ich lebe so.
Grüße von allen Carwitzern

Sämtliches Holz ist kaputt
und auch schon gepackt.

Anmerkung
Die wiedergegebenen Brieftexte folgen den Durchschlägen der orginalen Typoskripte, die sich im
Hans-Fallada-Archiv Carwitz befinden. Deshalb fehlen oft die (handschriftlichen) Unterschriften.

SUCHE NACH TÜTCHEN

Von Gertrud Malingriaux hörte ich erstmals 1983, als mir Lilo Damerow, geb. Neumann, erzählte, was sie als Haustochter 1938 in Carwitz erlebt hatte. In ihren Erinnerungen kam Tüta oder Tütchen, wie sie Gertrud M. mit ihren damaligen Kosenamen immer noch nannte, häufig vor. Lilo hatte auch ein paar Fotos, auf denen sie mit Tütchen gemeinsam abgebildet war, von Fallada geknipst und ihr geschenkt.

In den Materialien des Hans-Fallada-Archivs fanden sich dann weitere Spuren, da waren Fotos und Briefe und zwei Zeugnisse für das Mädchen, das als einzige von Ditzens vielen Haustöchtern zweimal angestellt gewesen ist, insgesamt etwas mehr als drei Jahre, in der Zeit zwischen 1938 und 1940.

Gertrud Buhrs, geb. Malingriaux und Ehemann Willi Buhrs

Sie war also nach ihrer ersten Anstellung wieder nach Carwitz gerufen worden. Dazu werden nicht nur ihr freundliches und hilfsbereites Wesen und ihr unermüdlicher Arbeitsfleiß beigetragen haben, wie wir es an ihren beiden Zeugnissen ablesen können, sondern auch, dass sie in Zehdenick und dann in Hammelspring wohnte, einem kleinen Straßendorf in unmittelbarer Nachbarschaft von Templin. Franz Malingriaux, Tütchens Vater, war ein Zehdenicker Viehhändler gewesen, zu dem Hans Fallada zeitweilig auch geschäftliche Beziehungen gehabt hatte, die zunehmend freundschaftlich geworden waren. Kurz nach Kriegsbeginn machte Franz Malingriaux in Hammelspring eine Gastwirtschaft auf, in der seine Tocher Gertrud als unverzichtbare Arbeitskraft mithelfen musste. Deshalb beendete sie im Jahre 1940 ihre Tätigkeit in Carwitz. Aber Ditzens nutzten Besuche bei ihrem Ältesten in Templin zu Abstechern in das nahe Hammelspring, wo sie bei Malingriauxs mehrmals gastfreundliche Aufnahme fanden und auch übernachteten.

Noch während ihrer Haustochterzeit schickte Tütchen, wenn sie gelegentlich bei ihren Eltern war, Kartengrüße und briefliche Mitteilungen nach Carwitz, auf die sie von Ditzens, die sie bald mit Mummi und Väterchen anredete, auch Antwort bekam, z.T. seitenlange Briefe des Chefs. Die kleine freundliche Korrespondenz riss nach Beendigung von Tütchens Dienst im Haushalt Anna Ditzens 1940 nicht etwa ab, sondern vertiefte sich und wurde bis in die 40er Jahre hinein noch eine Weile weitergeführt, wie es vereinzelt auch bei anderen Menschen gewesen ist, die bei Ditzens gearbeitet hatten. Die Briefe Hans Falladas an die ehemalige Haustochter berichteten nun detailliert von den verschiedensten Geschehnissen in Carwitz, an denen Tütchen ein lebhaftes Interesse behielt. So entstand ein Briefwechsel, der wegen seiner Informationsfülle und der familiären, oft heiter vertrauten und manchmal burschikosen Ungezwungenheit, in dem er geführt wurde, eine Seltenheit darstellt.

Wie sehr Tütchen in das Familienleben einbezogen war, zeigen außerdem die vielen Abbildungen, die es von ihr in Falladas Fotoalben gibt. Zusammen mit ihren Briefen und Karten und besonders den ausführlichen Antworten Hans Falladas umreißen sie ein Bild der häuslichen Atmosphäre, die trotz der schwerer werdenden Kriegszeit mit ihrem zunehmenden Versorgungsmangel auch Platz für Ausgelassenheit und freundliche Unbeschwertheit bedeuten konnte. So haben wir in diesen Materialien ein ziemlich authentisches und bis in tausend Einzelheiten stimmiges Abbild jener Jahre in Carwitz.

Um so mehr entstand das Bedürfnis, diese wichtige Zeugin jener Jahre aufzufinden, sie nach so vielem zu befragen. Leider blieb die Suche lange Zeit erfolglos. Ich fragte einen Freund in Zehdenick, aber der hat gleich die Schultern hochgezogen. Die vier Malingriauxs, die ich im Telefonbuch der Hauptstadt der DDR von 1987 verzeichnet sah, waren schnell angerufen - keiner wusste etwas von Falladas Haustochter. Dann kam die Wende, und das Telefonbuch wurde dicker, fast ein Dutzend Malingriaux-Eintragungen waren verzeichnet, aber nach den ersten zwei Anfragen gab ich es auf. Tütchen müsste jetzt weit über 70 Jahre sein - wer weiß, ob sie überhaupt noch lebte.

Und doch regte sich immer nach den Enttäuschungen neue Motivation fürs Weitersuchen. Ich schrieb einen Brief ans Einwohnermeldeamt nach Zehdenick, die Antwort kam spät und war ernüchternd. Dort kannte man sie nicht. Dann hörte ich 1997 von einer alten Carwitzerin, dass Tütchen Anfang der 90er Jahre noch einmal hier gewesen sei, mit ihr sogar gesprochen habe, aber sie hatte die von uns so sehr Gesuchte nicht um ihre Adresse gebeten. Immerhin, das war ein untrügliches Lebenszeichen, das mir neuen Optimismus gab. Wie nur sollten wir die Nadel im deutschen Heuhaufen finden?
Inzwischen, als die Hoffnung wieder mal aufgebraucht war, hatte ich mich entschlossen, das wichtige, unverzichtbare Kapitel Gertrud Malingriaux eben in Form von Fotos und Briefen in meinem Buch abzubilden - und dann ging es doch wieder weiter mit der Suche nach Tütchen.
Jemand sagte mir, er habe in Templin an einem Marktstand eine heiße Wurst gegessen, auf dem Schild habe gestanden: Malingriaux. War das endlich die heiße Spur? Ich setzte mich wieder in Trab. Der Name dürfte ja in so einer kleinen Ackerbürgerstadt wie Templin nicht gar so häufig sein, und ich dachte wieder an die französischen Einwanderer, die der Große Kurfürst mit seinem Edikt von Potsdam ins Land gerufen hatte. Das war vor genau 300 Jahren gewesen. Also fuhr ich nach Templin und fragte nach einer deutschen Imbissbude mit französischem Namen.

„Hinten mit -aux" , sagte eine Frau lächelnd, die ich auf der Straße angesprochen hatte, „ja, so was gibt es hier, bloß, da müssen Sie donnerstags wiederkommen, wenn Markt ist. Aber dort drüben, der Friseur, die Inhaberin ist eine geborene Malingriaux." Doch was ich dort zwischen Spiegeln, Flacons und Dauerwelle erfuhr, dämpfte meinen Optimismus gleich wieder beträchtlich. „Bei uns in der Familie gibt es viele Malingriauxs, aber eine Gertrud haben wir nicht." Und auf meine Baskenmütze deutend meinte die Ladenbesitzerin: „Ach, und ich dachte Sie kommen aus Paris und bringen uns eine schöne Erbschaft, aber Spaß beiseite, fragen Sie doch mal bei Willi Malingriaux, da drüben, wo noch bis vor zwei Jahren die Gastwirtschaft war, der hat zwar mit uns nichts zu tun, aber vielleicht weiß er weiter, und dann gibt es auch noch um die Ecke einen Schönheitssalon, die heißen ebenfalls wie wir."

Wenn es auch nur ein einziger Malingriaux gewesen sein sollte, der zu Preußens Zeiten ins Märkische gekommen ist, - seine Kinder und Kindeskinder hatten sich inzwischen so stark verzweigt, dass ich sein Glück als Stammvater fast bedauern musste. Wie sollte ich nur unter den vielen hugenottischen Nachfahren das richtige Tütchen finden? Immerhin klingelte ich bei dem empfohlenen Willi. Im ersten Stockwerk ging ein Fenster auf, vor dem blauen Himmel erschien eine Glatze, die fragte mich erst mal nach Namen und Begehr und war im Nu wieder weg. Jetzt guckte eine Frau, bestimmt seine Frau, für eine Sekunde auf mich runter, dann war der Kahlköpfige wieder da und gab mir die Auskunft: „Hier gibt es sechs verschiedene Familien dieses Namens, aber ich bin es nicht, den Sie suchen." Als ich Tütchen aus Hammelspring erwähnte, meinte er von oben herab, da gäbe es auch noch welche, damit verschwand der freundliche Mann.

Wir fuhren nach Hammelspring. Natürlich suchte ich zuerst die Gaststätte, in der Tütchen vor 58 Jahren mit ihren Eltern gewohnt und gearbeitet hatte. In der einzigen Dorfkneipe stellte ich meine Fragen und überlegte dabei, ob ich mir nicht gleich eine Portion Steinpilzpfanne bestellen sollte, die mit Kreide auf die Tafel geschrieben war und deren köstlicher Duft aus der Küche die Mittagszeit ankündigte. Vielleicht würde mein Appetit ja auch die Auskunftsbereitschaft der Gastwirtsfrau günstig beeinflussen können, und außerdem, die Steinpilze rochen einfach betörend. Aber die Frau rief schon ihren Mann - und der sagte mir, eine Gerti Malingriaux, ja, die hätte hier gewohnt, in dem Haus da drüben, aber die sei schon gestorben. Als ich ihm ein Bild von Tütchen und Lilo zeigte, tippte er sofort auf Lilo und sagte, das sei sie gewesen, genau so sah sie bis zum Schluss aus. So siehst du aus, dachte ich mir und war erleichtert. „Aber fragen Sie nach Frau Haack, hinter der Kirche, das sind richtig alte Hammelspringer, die wissen Bescheid. Wir sind ja noch nicht so lange im Ort, und das hier, das war auch gar nicht die Dorfkneipe von damals, die ist weiter unten, wo der Konsum war." Also weiter, im nächsten Haus gab es Grüne Bohnen, der Mann saß am Küchentisch vor seinem Teller, aber die nette Frau Haack hörte auf zu löffeln und half mir weiter. Sie erkannte das richtige Tütchen auf dem Bild und sagte, dass die öfters hier gewesen sei, aber erst nach der Wende. „Da müssen Sie zu Familie Sperling gehen, in dem Haus da drüben", und sie zeigte aus dem Fenster auf die andere Straßenseite, „die sind mit denen befreundet, ja über sieben Ecken sogar verwandt." Ich jubelte, vergaß meinen Hunger und sprang über die Straße zu Sperlings Haus, wurde dort ganz herzlich hereingebeten, und als ich alles erzählt und vorgezeigt hatte - kam ich nun endlich nach 15 Jahren an die richtige Adresse, nämlich an Tütchens Anschrift und Telefonnummer in Berlin.

Wieder in Carwitz, war es nach so langer Zeit noch länger nicht auszuhalten, ich rief Frau Gertrud Buhrs, geborene Malingriaux, genannt Tütchen, genannt Tüta, gleich in Berlin an. Ihre Stimme war ganz ruhig, meine ziemlich aufgeregt. Die Cousine aus Hammelspring hatte sie schon informiert - und als ich sagte: „Ich würde am liebsten Tütchen zu Ihnen sagen, denn so nenne ich Sie ja seit Jahren in Gedanken", da antwortete die Stimme am Telefon: „Na tun Sie's doch, da freu ich mich!"

Anmerkungen

1 Das sog. Pflichtjahr war eine von den NS-Behörden 1938 eingeführte Dienstverpflichtung für weibliche Jugendliche in der Haus- und Landwirtschaft.
2 siehe Falladas Brief vom 4. Dezember 1936 an die Eltern
3 Dr. Palitzsch, Mitarbeiter der „Berliner Illustrirten Zeitung", besuchte mit seiner Frau mehrfach Ditzens in Carwitz.
4 Vielleicht hat Fallada genau an diesen Tag gedacht, als er später in „Heute bei uns zu Haus" geschrieben hat: „Ist im August der Tag sehr heiß, ist es beinahe Essenszeit, so stürzen, gesotten vom Küchenherd, Hausfrau und Haustöchter erst noch einmal in den See. Ein wenig feucht, aber kühl und lächelnd setzen sie sich an den Tisch", in: Heute bei uns zu Haus, Reinbek, 1957, S.36.
5 Sophie Zickermann, s. S. 57ff.
6 Müller-Waldeck G., Ulrich, R.: Neues von daheim und zu Haus. Erinnerungen an Hans Fallada. Frankfurt/M - Berlin, 1993, S. 83.
7 Das bekannte Ehlert-Foto, veröffentlicht z.B. in Manthey, J. „Hans Fallada in Selbstzeugnissen und Bilddokumenten", Reinbek, 1963, S. 125.
8 Gemeint ist der Roman „Der ungeliebte Mann", tatsächlich gibt es in den Anfangskapiteln des Buches eine Episode, in der sich Haustochter Traudchen an der kleinen Brücke über den Durchfluss am Baumwerder mit einem jungen Mann trifft, der mit Vornamen Siegfried heißt - weitere äußere Einzelheiten erinnern deutlich an Personen, Vorgänge und Verhältnisse in Carwitz, wie sie Gertrud Malingriaux erlebt hat.
9 Dr. Martin Hotop, Arzt in Feldberg, mit Fallada befreundet, seine Frau war eine der engsten Altersgefährtinnen von Anna Ditzen.

Lilo

Lieselotte Neumann

*Lieselotte Damerow (1917-1998), geb. Neumann, war von
November 1938 bis August 1939 in Carwitz tätig. Sie war
die erste von Ditzens Haustöchtern, die wir im Jahre 1983
in Berlin ganz zufällig kennen lernten und befragen konnten. Ein Jahr später besuchte Frau Damerow das Hans-
Fallada-Haus, und es kam auch zu einer freundlichen
Begegnung mit Anna Ditzen in Feldberg.*

**Ich musste ihm eine große Kanne Kaffee
auf den Schreibtisch stellen**

Ich betreute in einem Kurheim an der Nordsee Kinder, es war in St. Peter, wir
mussten damals ein sogenanntes Pflichtjahr erfüllen, und durch ein befreunde-
tes Arztehepaar hatte ich diese Gelegenheit erhalten. Eines Tages, es muss im
Sommer 1938 gewesen sein, sagte man mir: „Du kriegst einen Neuen in deine
Gruppe, einen Jungen, ein schwieriges Kind, es ist der Sohn des Schriftstellers
Hans Fallada." Fallada? Na, den kannte ich doch, sein Buch von dem Arbeits-
losen, der so große Mühe hatte, sich mit Lämmchen und dem kleinen Murkel
über Wasser zu halten in der schweren Zeit damals, das hatte ich ja noch bei
Meissner[1] in Luckau gekauft und in wenigen Tagen, besser: Nächten! ausgele-
sen. Nun sollte ich den Jungen, das hatte ich bald begriffen, also selbst kennen
lernen. Ich war doch ein bisschen aufgeregt - und dann auch etwas enttäuscht,
als er schließlich vor mir stand: Verstockt, ganz ernst und fast ein bisschen mür-
risch. Ich sehe es noch wie heute. Na, wissen Sie, ich war damals schon so lustig,
und der Kleine gefiel mir gar nicht. Ich sagte also zu dem Uli: „Prima, dass du
da bist, da hab ich eine gute Hilfe, du bist doch schon groß, und die anderen
Kinder sind so schwierig, du musst mir helfen bei der Arbeit." So wurden wir
vom ersten Tag an Freunde. Später hat mir Frau Ditzen erzählt, dass der Ulli ganz
liebe Briefe nach Carwitz geschrieben habe und darin von der Tante Lilo nur so
geschwärmt hat. Na ja, so kam es dazu, dass Herr und Frau Ditzen, als sie den
Jungen nach ein paar Wochen wieder abholten, mich fragten, ob ich nicht mit
ihnen nach Mecklenburg kommen wolle, sie könnten mich dort gut als

Lilo und Tütchen am Küchenfenster, 15. 3. 1939

Hausmädchen, als Haustochter brauchen. So war der Anfang. Ich traf in Carwitz dann noch andere Mädchen, eine hieß Gertrud, aber alle sprachen nur von Tütchen, sie war die Tochter eines Viehhändlers Malingriaux aus Zehdenick. Zu Frau Ditzen sagten alle, auch Herr Ditzen, nur Mummi, und so nenne ich sie heute noch in Gedanken. Ich würde sie zu gern einmal wiedersehen.

Ach, was ich alles erlebt habe in der Zeit, ich war dort von November 1938 bis zum August des nächsten Jahres. Sie können mir glauben, es ist ja mehr als 40 Jahre her, dass ich auch manches vergessen habe, aber eines weiß ich genau, dass mich dieses eine Jahr doch insgesamt sehr bereichert hat.

Sehen Sie, das ist mein Zeugnis, da können Sie lesen, was ich alles tun musste und was ich ja auch ganz gut geschafft und gelernt habe. Frau Ditzen hat mich gern gehabt, und ich liebe sie heute noch.

Was sich mir über die Jahre hinweg tief eingeprägt hat, war der Umstand, dass wir wirklich zur Familie gehörten. Es war nicht etwa so, dass wir Mädchen zum Mittag an einem anderen Tisch sitzen sollten oder gar im Nebenzimmer, auf gar keinen Fall, wir saßen alle gemeinsam am Tisch: Herr Ditzen an der einen

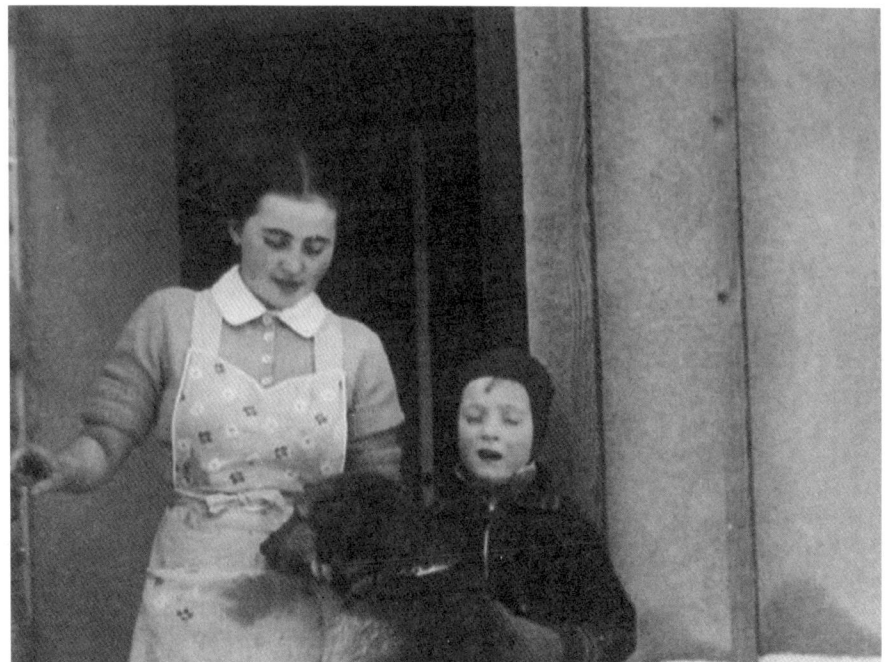

Lilo, Mücke und der Hund Plischi, 15. 3. 1939

Stirnseite, die Mummi ihm gegenüber, auf der einen Seite die Mädchen, ich oben bei ihm, dann die Kinder, Ulli und Mückchen und die Gäste. Es gab ja sehr oft Besuch bei Ditzens, der Rowohlt war da, und Mathias Wieman gehörte dazu mit seiner Frau und viele andere. Der Wieman z. B. zog sich trotz Aufforderung nie die Schuhe aus, wie das die anderen taten, sondern lief mit seinen Dreckbotten ins Haus.

Fallada, d.h. Herr Ditzen, der Chef, wie wir ihn nannten, hatte neben sich am Tisch immer einen Block und Bleistift, und da hat er manchmal beim Essen Notizen gemacht - aber oft auch Späße. Einmal schreibt er etwas auf und reicht mir den Zettel hin, und ich lese. ‚Frau Lehrer Schwoch[2] hat falsche 10 e' - und dann guckt er mich an, ob ich das verstünde. Ein anderes Mal war Dr. Lampe[3] zu Besuch, das war wohl ein Lektor vom Verlag, der wollte unbedingt früh geweckt werden, aber Herr Ditzen schreibt mir auf: ‚Die Lampe wird erst später anjestochen', mit j, wie ich es sage. Haben wir manchmal gelacht, das können Sie mir glauben.

Lilo hängt Wäsche auf hinter der Scheune, 1939

Aber immer war es natürlich nicht lustig, immer war er nicht so gut aufgelegt, der Chef. Einmal hat er, alle waren wir ruhig und zufrieden am Tisch, plötzlich eine Tasse gegriffen und sie nach einem Bild an der Wand, dann die zweite ... Warum, weiß ich nicht, wusste wohl niemand, wir waren alle erschrocken, als die Scherben durch die Stube spritzten. Aber die Mummi hat ihn friedlich an die Hand genommen - „komm, Junge, ruh dich ein bisschen aus", - hat ihn in sein Zimmer geführt und ihm ein Beruhigungsmittel gegeben. Die Mummi, eine wunderbare, eine außergewöhnliche Frau.

Besonders anstrengend war es für alle im Haus, wenn er gearbeitet hat. Lesen Sie sein Buch über Carwitz, so wie es da steht, so war es wirklich. Es musste ganz stille sein. Oben hat er seine Verbrecherkammer gehabt, so wurde von uns das obere kleine Zimmer genannt, weil da so viele Kriminalromane standen. Ich glaube, es ging zum Hof raus, unterm Fenster war ein kleiner Schreibtisch eingebaut, fast nur ein Brett mit Schublade. Manchmal hat er da geschrieben. Aber meistens unten im Arbeitszimmer. Ich musste ihm eine große Kanne Kaffee auf den Schreibtisch stellen. Sonst kam man natürlich nicht in sein Zimmer, wenn er bei der Arbeit war.

Ich hatte, glaube ich, so ein bisschen eine Sonderstellung. Ich weiß auch nicht warum, aber ich muss bei ihm einen guten Stand gehabt haben. Er hat manchmal etwas geschimpft, dass ich am Mittwoch immer meinen freien Nachmittag in Feldberg verbrachte, aber das hab ich mir nicht nehmen lassen. Ich bin dann oft im „Deutschen Haus" [4] gewesen, Frau Wendel, die Gastwirtin, kannte meine geheime Leidenschaft gut, nämlich Ragout fin, das hat sie mir oft gemacht, die konnte herrlich kochen. Ragout fin ist noch heute mein Lieblingsgericht. Dort war auch Käthi [5], ihre Tochter, wir waren gut befreundet.

Fallada hat viel fotografiert und uns dann die Bilder geschenkt. Einmal hat er gesagt zu uns dreien: „Setzt Euch mal da oben am Gärtnerzimmer auf die Balkonbrüstung, ich knipse Euch von unten." Da haben wir uns auf den Balken geschwungen und gerufen: „Warten Sie, bis wir sitzen", aber er hat geknipst, wie wir gerade so die Beine rüberschwenken, so quasi untern Rock, hier ist das Bild. Und auf diesem Bild sehen Sie neben mir den alten Lewerenz, den Schweinefütterer. Ich hab mich an dem Tag so geärgert, denn ich hatte auf meiner neuen Schürze einen großen frischen Fettfleck, aber der Chef wollte mit dem Knipsen nicht warten, bis ich eine andere Schürze geholt hatte. Der alte Lewerenz war ein freundlicher Opa, einmal ist folgendes passiert:

„Warten Sie, bis wir sitzen ..."

Lilo, Tütchen, Opa Lewerenz, Mücke, 15. 3. 1939

Ditzens waren alle zur Ostsee in die Ferien gefahren. Und als ich nun allein war im Haus, da hab ich gedacht, ach, machst du zuerst die Verbrecherkammer. Also alles schön frisch bezogen und gemacht, ich kann zwar heute noch nicht Bettenmachen, aber es ist mir damals gut gelungen, und die Verbrecherkammer war fertig. So, dacht ich, was fängst du denn nun an, ich war ja für alles verantwortlich. Morgen musst du nach Feldberg, musst Geld holen für die Leute, es war zwei Tage vorm Sonnabend. Na, ich fuhr nach Feldberg mit dem Fahrrad, also, dass ich nie im Schmalen Luzin gelandet bin! Da ist doch der Weg manchmal so schmal, furchtbar. Aber das war auch so ein Vertrauensbeweis von Fallada mir gegenüber: Er hat mir unterschriebene Schecks gegeben, Blankoschecks, und gesagt: „Ihnen vertraue ich alles an!“ Aber er konnte mir auch vertrauen, ich hab genau Buch geführt. In der Sparkasse waren sie immer nett zu mir, ich sagte: „Ich muss wieder Gehälter zahlen, geben Sie mir das Geld so, dass ich nicht wechseln muss." Ich wieder auf mein Fahrrad und ab nach Carwitz. Ach, da wollt ich noch zu Godenschweger[6] rein, ein Bier trinken, von Anfang an bin ich auf Bier so wild, aber an dem Tag hab ich's gelassen, ich weiß nicht warum! So, jetzt war Sonnabend, Punkt zwölfe. Ich saß in der Küche mit der Kassette, die Leute streiften die Pantinen ab, und sie kamen nun rein, grüßten: Mahlzeit - Mahlzeit, ich zahle also das Geld aus, da kommt der Schweinefütterer, der Alte, kriegt sein Geld und geht wieder raus, ich höre noch das Holzpantinengeklapper, und auf einmal ist der wieder drin. Ich frage: „Nanu, ich hab Ihnen Ihr Geld doch eben gegeben? Hab' Sie ausgezahlt, was ist denn noch?" „Nä", sagt er, „de Chef is eben kumm, keen Wort hät he seggt, bloaß käken tät er!" Da war Fallada denen ausgerückt, mit der Taxe aus Boltenhagen oder so zurück nach Carwitz. Schon guckte er mit hochrotem Kopf in die Küche, sah die aufgestapelten Lohntüten und fragte: „Was machst Du denn hier?" Ich hab noch schnell zu Opa Lewerenz gesagt, er soll mal auf das Geld aufpassen, dem Chef gehe es nicht gut, ich müsse mich um ihn kümmern, ihn schnell in sein Zimmer bringen. Bloß gut, dass alles aufgeräumt und in Ordnung war. Und Ditzen sagte zu mir: „Sie bringen mich jetzt ins Bett, nach oben in die Verbrecherkammer, Sie bleiben jetzt hier, bis ich ausgezogen bin, wo ist mein Nachthemd?" Ich sagte: „Herr Ditzen, es liegt alles da im Schrank an seinem Platz, das Bett ist frisch bezogen - ich geh jetzt runter!" Dann hab ich Dr. Hotop angerufen, der kam ja auch gleich.

Einmal sind wir Mädchen mitten in der Nacht aufgewacht durch Geräusche aus der Waschküche, das war übern Hof. Wir rannten runter, und da stand der Chef im Nachthemd und hatte die Waschmaschine und die elektrische Wäschemangel angestellt, dass es nur so gerumpelt hat. Dann lief er, wie er war, in die Nacht raus auf den Bootssteg. Bald kam Frau Ditzen und hat ihn wieder ins Haus geholt und ihn beruhigt, bis der Arzt kam.

Zurück zu Herrn Ditzen. An einem Nachmittag kam er in die Küche runter und hat zu mir gesagt: „Lilo, ich brauch was." Da wollte er von mir einen Schnaps haben, aber ich habe ihm geantwortet: „Nein, Herr Ditzen, heute gibt es nichts!" - Und da war er ganz ruhig und hat sich zufriedengegeben.

Aber manchmal war er auch furchtbar, dass ich noch heute dran denken muss. Wissen Sie, ich konnte es schon in meiner Kindheit in Luckau nicht vertragen, wenn beim Schweineschlachten die Tiere so schrieen, so quiekten. Also, bei Ditzens wurde ja nun auch geschlachtet. Ich sage deshalb schon beim Mittagessen zu ihm: „Herr Ditzen, sagen Sie mir bitte in der Küche Bescheid, wenn das

Schweineschlachten, Winter 1939

Schwein abgestochen wird, dann mach ich das Fenster fest zu und dreh das Radio laut, und höre nichts, denn ich will das nicht hören!" Ich bin also beim Abwasch, da klopft der Chef ans Fenster und sagt: „Sie können ganz beruhigt sein, das Schwein ist tot!" Das Fenster bleibt geöffnet, das Radio ganz leise - und plötzlich von der Scheune her ganz furchtbar das Schwein, wie es quiekt und schreit! Nein, das war nicht schön von ihm - und er hat mich noch ausgelacht! Aber das war selten, dass er so etwas gemacht hat, sonst würde ich mich auch nicht mehr so genau erinnern. Eigentlich ist er, und die Mummi sowieso, immer sehr großzügig gewesen zu uns Mädchen.

Manchmal war es schon ziemlich turbulent bei uns, z.B., wenn am Sonntag gewogen wurde. Es ist ja bekannt, wie das mit dem Wiegen war, das war so ein Tick von ihm. Jeder musste sich im Hof auf die Dezimalwaage stellen, das Gewicht von jedem wurde genau eingetragen. Auf jeden Fall wurde viel gelacht dabei, es kam ja raus, wer abgenommen hatte und wer nicht.

Ich habe hier noch andere Bilder, die er mir geschenkt hat. Hier können Sie sehen, wie wir Mädchen und der Uli im Auto sitzen. Wir wollten nach Neustrelitz zum Tanz, aber es war schon sehr spät . Da sagte Herr Ditzen zu Räder, das war der Gärtner, der auch chauffierte: „Fahren Sie die Mädels doch rasch nach Neustrelitz rüber, sonst schaffen sie es nicht!" So war er eben auch. Die Mummi hat uns auch mal gefahren.

Ditzens Ford V 8, 1938

An Weihnachten erinnere ich mich noch ganz genau, natürlich waren wir zum Fest genauso in die Familie aufgenommen. Die ganzen Vorbereitungen auf das Fest, den Weihnachtsbaum, das hat alles die Mummi gemacht, es war so eine richtige Weihnachtsstimmung in diesen Tagen in Carwitz, es wurde gebacken, das Haus hat geduftet, es gab Heimlichkeiten und Überraschungen, es war einfach wunderbar. Es war wie bei mir in meinem Elternhaus, wir mussten erst mal in der andern Stube sitzen und warten, und dann wurde gebimmelt, wie bei uns zu Hause, und dann durften wir rein. Der Weihnachtsbaum, die Geschenke für jeden, das war unten im Arbeitszimmer. Da fällt mir noch eine Sache ein: Vor Weihnachten fragte er mich, was ich mir zum Fest wünschte. „Nichts", sagte ich. „Na, Sie werden doch wohl etwas gebrauchen können!" Und da ich immer an einem freien Wochenende zu meiner Mutter nach Luckau fahren musste, hätte ich tatsächlich einen Koffer nötig gehabt, denn ich besaß keinen. Also fass ich mir ein Herz und sage zu ihm: „Einen Koffer wünsch ich mir, einen kleinen Koffer." Na, und nun dürfen Sie dreimal raten, was ich zu Weihnachten bekam - hier, steigen Sie mal auf den Stuhl und langen Sie ihn herunter. Den haben mir Ditzens damals geschenkt, und ich habe ihn noch heute in Gebrauch, schauen Sie hier innen den Stoff, ich weiß bis heute nicht, woher er wohl gewusst hat, dass ich Karos so sehr mag. Und es war ja noch etwas in dem Koffer, darauf kommen Sie nie: Ein Nachthemd, es war wunderbar!

Als sie einmal in Urlaub gefahren sind, hat er zu mir unten im Arbeitszimmer gesagt: „Wir fahren jetzt los, Fräulein Lilo, wenn es hier brennt, lassen Sie alles stehen und liegen, nur hier", und dabei hat er auf die Manuskriptschränke unterm Fenster gezeigt, „das hier müssen Sie unbedingt retten, alles andere kann verbrennen, nur das nicht! Denken Sie denn, ich hab Lust, den ganzen Quatsch noch mal zu schreiben!"
So sprach er von seinen Manuskripten, dabei liebte ich die Bücher. Ich sagte ja schon, dass ich „Kleiner Mann - was nun?" gelesen hatte. Später habe ich sie alle gelesen, ich war ganz begeistert von seiner Art zu schreiben. Und ich komme auch ein paar mal vor in seinen Romanen, einmal spricht er von Lilo mit den hübschen Beinen, aber in welchem Buch das ist - fragen Sie mich nicht, ich hab es vergessen[7]. Er hat mir auch einige von seinen Büchern geschenkt und Widmungen eingeschrieben, leider sind sie mir auf schlimme Art abhanden gekommen, aber das hat nichts mit Fallada zu tun.

Fallada hatte viele Freunde, aber meistens von außerhalb, es waren immer viele Gäste da. Aber keine aus dem Dorf. Bei manchen Leuten im Dorf ist er nicht gerade sehr beliebt gewesen, das stimmt schon.

Da muss ich eine kleine Begebenheit erzählen. Ich sagte ja schon, dass ich bei Herrn Ditzen so eine Art Vertrauensstellung genoss - so trug er mir z.B. auf, in Feldberg von der Sparkasse das Geld zu holen. Ich also an einem heißen Tag mit dem Fahrrad los, schon im Dorf hatte ich einen Riesendurst. Ich rein in die Dorfkneipe gegenüber vom Friedhof, da steht der Wirt am Tresen mit seinem dicken Bauch, und wie ich höflich ein Bier verlange, sagt der unter dem allgemeinen Gegröle: „Ne, Meechen, für junge Weiber jibt's nischt!" Na, wissen Sie, ich war auch nicht auf den Kopf gefallen, gehe zum Stammtisch, wo so eine richtige Männerrunde versammelt ist und klopfe zum Gruß mit der Faust auf das Holz, und die lachen alle und grüßen klopfend zurück und bieten mir Platz an zwischen sich. Und da brachte dann der dicke Wirt für das junge Weib eben doch das Bier. Und nun wollten die mich ausfragen, das war fast wie so ein Verhör: „Sie, hören Sie mal, Sie sind doch da in Stellung bei den Ditzens, wie geht es denn da zu? Sie sind doch eine anständige Person, sind doch ein nettes Mädchen und Sie halten es da bei den Ditzens aus? Der ist doch verrückt!!" Die wollten nun von mir vielleicht hören, wie unterdrückt ich sei und dass ich mich da nicht wohlfühle oder dass ich schlecht von Herrn Ditzen und der Mummi und der ganzen Wirtschaft spreche. Aber den Gefallen hab ich ihnen nicht getan, sondern habe ihnen Bescheid gegeben, dass sie mir ganz schön dumm hinterhergeguckt haben. Mein Bier, wenn ich später wieder da einmal vorbeikam, das habe ich immer bekommen, aber am Stammtisch, da hab ich nie wieder Platz nehmen sollen. So war das damals.

Die Zeit bei Ditzens in Carwitz war aufregend und, warum soll ich es verschweigen, sie war auch anstrengend - es war insgesamt ein hartes und trotzdem auch schönes Jahr, nein, es war manchmal eine schlimme Zeit, nicht immer ganz einfach, aber missen möchte ich sie nicht.
Ich habe meine Stelle aufgegeben, denn ich musste zurück zu meiner Mutter. Ditzens wollten mich nicht gern gehen lassen, Mummi war fast etwas enttäuscht, sie trug ja damals gerade ihren zweiten Jungen, den Achim. Ich höre noch, wie sie sagt: „Lilo, wollen Sie uns denn wirklich verlassen? Ich habe fest geglaubt, Sie werden mir helfen, mein Baby aufzuziehen, aber wenn es sein muss - dann muss es eben sein!"

Fräulein Lieselotte N e u m a n n , geb. am 9. Mai 1917 in Luckau, war vom 16. November 1938 bis zum 15. August 1939 in meinem ländlichen Haushalt als Kinderpflegerin und Haustochter tätig. Sie hatte während dieser Zeit Gelegenheit, neben der Kinderpflege, in der sie völlig erfahren ist, alle häuslichen Arbeiten von Grund auf kennen zu lernen, bezw, sich in ihnen zu vervollkommnen: Reinemachen, Waschen, Kochen, Backen, Einkochen, Schlachten. Bei all diesen Arbeiten hat sich Fräulein Neumann mit einem ganz ungewöhnlichen Fleiss betätigt, sie hat eine sehr gute Auffasungsgabe und ihr Wille, Neues zu lernen, ist gross. Während einiger Reisen hat sie dann meinen Haushalt allein geführt und hat dabei völlige Verlässlichkeit und ausreichende Erfahrung bewiesen. Sie war uns mit ihrem frischen, lebendigen Wesen ein angenehmer Hausgenosse.

Ihr Weggang erfolgt auf eigenen Wunsch.

Carwitz, am 15. August 1939.

Anna Ditzen

ÜBER LILO NEUMANN:

„Du wirst ja gehört haben, dass wir die Kindergärtnerin, die Uli speziell betreut hat, für den 15. November engagieren konnten. Sie wollte an und für sich von Feltens fort, und trat an uns, als sie hörte, wir suchten jemanden, mit ihrem Angebot heran. Wir glauben, das ist eine sehr glückliche Lösung, sie macht menschlich einen sehr guten Eindruck, erst 21 Jahre, aber schon ein bißchen Mensch, keine Gans, und dann auch gesellschaftlich umgänglicher (Tochter eines verstorbenen Anwalts). Bis zu ihrem Antritt behelfen wir uns mit einer Frau aus dem Dorf. Wir hoffen, daß nun nicht nur die Kinder ein bißchen klüger betreut werden, sondern daß Suse auch ein bißchen Gesellschaft hat. Friedel geht ja bei aller sonstigen Tüchtigkeit ganz in ihrem BDM auf. Sie ist gar nicht entwicklungsfähig."
2. Oktober 1938 an die Eltern

„Wenn etwa am 15.11. die neue Haustochter kommt, soll die rechte Winterruhe einsetzen, ich hoffe, ich bin dann auch mit den Handwerkern durch. Der Tischler aus Berlin hat noch die letzten Möbel gebracht, die Veranda bekommt Doppelfenster, dann haben die Elektriker noch ein bißchen zu tun - und dann Ruhe! (Auch für die Kasse)."
6. November 1938 an die Mutter

„Die Hilfe Lilo ist nun auch eingetroffen, willig und freundlich, aber leider nicht intelligent, dafür aber mit den falschen Bildungsprätentionen der höheren Töchter. Ihre vornehme Verwandtschaft taucht immer wieder auf. Nun, ich denke, das werden wir ihr schon sachte wegkitzeln. Ich habe ja eine ziemliche Schandschnauze. Aber wie gesagt, zwar doch wieder nicht der Traum unserer schlaflosen Nächte, aber vollkommen passabel."
22.November 1938 an die Mutter

„Die kleine Lilo ist ein ganz fleißiges Wesen, aber das, was wir uns erträumt hatten, ist sie doch nicht. Abgesehen von etwas, das man heute „Angabe" nennt und was sich in einem nicht zu bändigenden Reden von all ihren vornehmen Verwandten äußert, ist sie erschütternd dumm. Ich glaube, sie wird sich hier nicht einleben, trotzdem sie Humor hat und willig ist. Es ist ihr alles nicht ‚fein' genug."
16. Dezember 1938 an die Mutter

„Die Sachlage im Haus ist jetzt so, daß wir drei Haustöchter haben: Friedel, Tütchen, Lilo ... Lilo macht sich in der Arbeit sehr gut, sie gibt sich wirklich viel Mühe, ist sehr für selbständiges Arbeiten, hat auch Talent zum Kochen. Ein Dummerchen ist sie ja und wird sie zeitlebens bleiben, aber das schreckliche snobistische Geschwätz hat doch schon sehr nachgelassen, ich gebe ihr oft kräftig was auf den Deckel, und sie verträgt das auch ganz gut."
15. Februar 1939 an die Mutter

Am 1.7. ist Mädchenwechsel, Lilo verläßt uns, als Arbeitskraft bedauert, als Mensch kein Verlust. Sie geht deswegen, weil sie meine Abneigung gegen sie nicht recht vertragen konnte, sie möchte allen imponieren, und da ihr das bei uns nicht gelang, hat sie sich recht unglücklich gefühlt.
17. Juli 1939 an die Mutter

Lilo ist heute abgefahren. Sie war in den letzten Tagen besonders nett (Suse allerdings auch zu ihr) und hat bis zur letzten Minute gearbeitet. Suse ist überzeugt, sie ist nicht am 31., sondern erst heute am 1. abends abgefahren, bloß weil sie die große Wäsche noch mit erledigen wollte, wirklich eine große Arbeitskraft - was allerdings nicht allein genügt.
l. August 1939 an die Mutter

LITERARISCHE SPUREN

„...*Eigentlich heißt sie Liese-Lotte, aber ich nenne sie Lilo - findest du den Namen nicht auch großartig? Sie ist keine Berlinerin, sie ist aus Luckau, das liegt in der Niederlausitz - fein, was? Warte mal, ich habe ein Bild von ihr da ... Und er fing an, in seiner Tasche zu kramen ... Ich nahm das Bild und betrachtete es genau. Sieht mächtig sympathisch aus. Die gefällt mir. Und dann das energische Kinn. Ich glaube, Paulus, die wird dir keine Ruhe lassen, die ist mit Abteilungsvorsteher noch nicht zufrieden. Bei der mußt du es mindestens zum Direktor bringen! ... Großartiges Mädchen, sagte ich und gab ihm mit einem letzten anerkennenden Blick das Bild zurück. Das mußt du Karla mal zeigen - wird ihr auch mächtig gefallen ... Hat sie doch längst gesehen! Sie sagt genau wie du: Sympathisch und energisch.*"

Fallada, Kleiner Mann - großer Mann alles vertauscht. Stuttgart, Berlin, 1940, S. 374.

MIT LILO IN CARWITZ

Lilo hatte das Filmband, als das ihre Erinnerungen abliefen, immer wieder unvermittelt angehalten und von Anna Ditzen gesprochen, von der Mummi geschwärmt, so nebenbei geseufzt: „Ich würde sie zu gern einmal wiedersehen." Da waren wir in Gedanken sofort entschlossen, diesen Wunsch zu verwirklichen, das machen wir, sagte ich.

Aber unsere Einladung wurde nicht sogleich angenommen. Lilo war sofort Feuer und Flamme, wie sie es selbst ausdrückte, als ich aber mit einem Terminvorschlag ankam und dann mit einem zweiten, verließ ihre Courage sie, zögerte sie und suchte Ausflüchte. Hatte sie etwa Angst vor dem Wiedersehen mit Carwitz, mit Frau Ditzen, auf das sie sich so gefreut hatte?

Aber inzwischen war alles vorbereitet, ich hatte unseren Besuch bei Anna Ditzen angemeldet, und nun konnte Frau Lilo nicht mehr zurück und dann wollte sie auch wieder. An einem Sonntag im Mai 1984 stieg sie zu einer Autofahrt nach Feldberg in unseren Trabi. Schon unterwegs merkte ich ihr die Erregung an, die ihr die erwartete Wiederbegegnung mit der Vergangenheit bereitete. „Wird mich die Mummi wohl noch erkennen, kann sie sich überhaupt noch an mich erinnern nach so langer Zeit?" fragte sie ein ums andre Mal.

Zunächst fuhren wir zum Feldberger Eichholz ins Hans-Fallada-Archiv. Es erwartete uns Tom Crepon, der Leiter des Neubrandenburger Literaturzentrums, der vor einiger Zeit mit seinem Buch über Fallada im ganzen Land bekannt geworden war.[9] Ich hatte es Lilo gezeigt, und sie fragte sofort: „Ist es gut, stimmt alles?" „Das muss ich Sie fragen. Sie müssten es lesen und mir dann sagen, ob es stimmt, Sie waren doch in Carwitz, haben Fallada gekannt, haben manches erlebt damals!" „Na ja, jetzt lese ich keine dicken Bücher mehr, bin ich zu alt, wir werden ja sehen, wie es dort aussieht."

Nun saß sie dem erfolgreichen Biographen gegenüber, war anfangs etwas schüchtern, aber Tom Crepon war freundlich und nett wie ein Sohn zur Mutter. Da wurde auch Lilo wieder gesprächig, überreichte ihm voller Stolz Kopien jener Fotos, die ihr einst der Chef geschenkt hatte und die nun als wertvolle Mosaiksteine den Bestand des Archivs bereichern sollten. Es plauderte sich bald wundervoll bei einer Tasse Kaffee, die Ängste und Hemmungen, die sie vorher so sehr bedrängt hatten - sie waren wie weggeblasen, wir erlebten eine lustige und ganz aufgekratzte Lilo, die dann gar nicht mehr aus dem Erzählen herauskam, ganz so, wie man sie sich aus Falladas Kurzporträt in „Kleiner Mann - Großer Mann ..." vorstellen kann.

Lilo Damerow, geb. Neumann, Inge und Manfred Kuhnke, Feldberg 1984

Beschwingt, ja fast mit Heiterkeit stiegen wir nach diesem lockeren Stündchen wieder in den Trabi und fuhren nun nach Carwitz - und je mehr wir uns dem Dorf näherten, um so schweigsamer wurde Lilo wieder. Das Eichholz war ja ein fremder Ort gewesen, der sich so gänzlich unerwartet freundlich ihr geöffnet hatte, dass Lilo überrascht war und sich höchst angenehm ihrem fröhlichen Naturell hingab und bald lossprudelte - nun ging es zu einem Platz, wo man früher gedient, wo es Pflichten und Unterordnung gegeben hatte. Wenn sie davon auch längst befreit war, es war doch auch manches in ihr geblieben. Würde sie nach all den Jahren womöglich noch Abdrücke erkennen, Spuren, die man selbst hinterlassen hatte? Sie sah aus dem Fenster, erkannte Wege und Felder, Pappeln und Gehöfte, erinnerte sich an Neuhof und die Seen, Luzin und Dreetz und atmete schwer und schwerer. „Ach, die Mühle ist ja auch noch da, aber immer noch ohne Flügel", sagte Lilo mehr zu sich.
Als wir am Grab auf dem alten Friedhof standen, brachte sie kein Wort heraus, still legte sie ihr Blümchen hin, und nur als sie daneben den Stein für Lore Ditzen sah, entfuhr ihr der tiefe Seufzer: „Ach, mein Mückchen!"
Dann auf der Dorfstraße löste sich erneut die Traurigkeit, wurde sie mehr und mehr wieder das resolute Fräulein Lilo Neumann, das aus Luckau nach Carwitz gekommen war und sich so schnell von niemand hier im Dorf etwas gefallen ließ. „Nun bin ich auf das Haus aber gespannt!" Obwohl kurz nach 14.00 Uhr das Gedenkzimmer noch nicht wieder geöffnet war, gewährte Frau Stolt uns

Lilo Damerow, geb. Neumann und Käthi Wewerka, geb. Wendel, 1984

Einlass. Ein Telefonanruf von Tom Crepon hatte die Wege geebnet, schließlich geschieht es ja auch nicht alle Tage, dass jemand von damals herkommt. Aber der Empfang im Fallada-Haus war längst nicht so wie eben im Eichholz. Trotzdem strömten die Erinnerungen nur so hervor, ein ganzes Jahr mit den vielen Erlebnissen stand aus Lilos Gedächtnis auf, und sie ließ uns nochmals teilnehmen an so vielem, und wir wunderten uns und staunten, weil wir es nicht gewusst hatten und nahmen uns insgeheim vor, über alles weiter nachzudenken. „Das Zimmer, ja, es ist nicht mehr alles so wie früher, aber, - da stehen ja noch die Manuskriptenregale unterm Fenster, die hat er sich extra bauen lassen, was hab ich hier Fenster putzen müssen, das war nicht gerade meine Lieblingsarbeit, wo ist denn der Teppich hin, na ja, der war gewiss nicht mehr gut nach so vielen Jahren, und die Leselampe fehlt auch. Den Ofen, wie oft habe ich den heizen müssen - ach was, es war auch eine schöne Zeit. Bloß die Treppe im Flur, die war doch damals anders, die ging doch von rechts hoch. Dürfen wir auch mal in die Küche schauen? Ausnahmsweise? Das ist nett. Das war hier aber früher anders, der Tisch stand dort und wo ist die Kaffeemühle? Ach, und da drüben ist ja noch die Scheune, gibt es das Gärtnerzimmer noch? Da wohnte der Räder drin, das war ein feiner Kerl! Darf man auch nach oben? Nein? Schade. Ach so, Sie haben Feriengäste drin, und die Veranda? Schade, nicht zu ändern. Hier, vor dem Fenster war immer Plischi, das war unser Liebling, gibt es denn heute auch einen Hund hier?..."

Wiedersehen nach mehr als 40 Jahren, Anna Ditzen und Lilo, 1984

So ging es mit Lilo in Carwitz eine ganze Weile. Als wir längst im Auto saßen, erzählte sie noch immer von 1938, da sie hier als Haustochter gelebt hatte. Am liebsten hätten wir jetzt im Dorf anhalten sollen, da ist die Kirche mit den Glocken, dort gibt es den Dorfkonsum. „Das war damals die Kneipe von Utnehmer, der Krog, na, ich könnt Ihnen erzählen." „Ich weiß nicht, ob der heute auf hat, und ob man da etwas zu essen bekommt, das weiß ich auch nicht, eine Bockwurst wird er vielleicht haben." „Ach, das muss ja nicht sein", meinte Lilo, außerdem hatten wir auch nicht genügend Zeit, denn um 15.00 Uhr sollten wir bei Anna Ditzen sein, mussten nach Feldberg zurück. Und zurück kamen auch die Aufregungen in Lilo, denn mit einer umgebauten Treppe oder einer fehlenden Leselampe ist leicht umzugehen, jetzt aber fuhren wir zur Mummi, das war etwas ganz anderes.

Als wir in der Ulmenallee aus dem Auto stiegen, erklärte ich unserem Gast: „Lilo, hier wohnt jetzt die Mummi." Da richtete sich im selben Moment jemand aus dem Gesträuch neben dem Gartenpförtchen auf, blaue Strickjacke, Kopftuch, die Gartenschere in der Hand und fragte: „Wer spricht hier von der Mummi?" Und lachte. Da gab es ein so freundliches Wiedersehen, dass wir alle ganz glücklich waren.

Am großen runden Tisch - war es noch der aus Carwitz? - bei Kaffee und Kuchen, duftendem Apfelkuchen, immer noch selbst gebackenem, erhob sich sofort, als ob es nicht eine Pause von mehr als vier Jahrzehnten gegeben hätte, das Gespräch um die alten Zeiten, als wär's gestern gewesen: „ ... wissen Sie noch ... können Sie sich daran erinnern ... wie war das doch gleich ... dass Sie sich aber gerade das gemerkt haben ... richtig, so war es ...." Und als Lilo von den Zetteln und Frau Schwochs falschen Zähnen anfing, da konnte ich Anna Ditzen lachen sehen. Wie sie den Kopf zurückwarf, war auch sie plötzlich und für Sekunden wieder die junge Frau von einst.

Am Abend, an ihrer Berliner Wohnungstür, verabschiedete ich mich von Frau Lilo D., sie dankte mir mit Bewegung in der Stimme: „Es war wunderbar, die Fahrt, der ganze Tag!", und ich war etwas verlegen und murmelte etwas wie: „Wenn Sie Freude hatten, so bin auch ich froh...", aber bei mir dachte ich: Zu danken haben eigentlich wir!

Anmerkungen

1 Buchhandlung Meissner in Luckau, Niederlausitz, eine der ältesten Buchhandlungen Deutschlands, Herr Friedrich Meissner, Verleger- und Buchhändlersohn, starb 1996 fast 90jährig in Luckau. Das Geschäft wurde im Jahre 2001 aufgelöst.
2 Die Frau des von Fallada gehassten Nazilehrers Schwoch in Carwitz.
3 Frido Lampe (1899-1945), Schriftsteller und Lektor bei Rowohlt, mit Fallada befreundet.
4 Hotel in Feldberg, in dem Fallada 1933 zeitweilig wohnte und zu dessen Besitzern, Familie Wendel, über Jahre sehr freundliche Beziehungen bestanden.
5 Käthi Wendel, Tochter der Hoteliers vom Deutschen Haus, später Frau Käthe Wewerka, bis zu ihrem Tod 1992 eine enge Freundin der Ditzens.
6 Godenschweger, ein Feldberger Gastwirt und Hotelier
7 Fallada, Hans: Der ungeliebte Mann. Frankfurt/M Berlin, 1988, S. 154.
9 Crepon, Tom: Leben und Tode des Hans Fallada. - Halle-Leipzig: Mitteldeutscher Verlag, 1978.

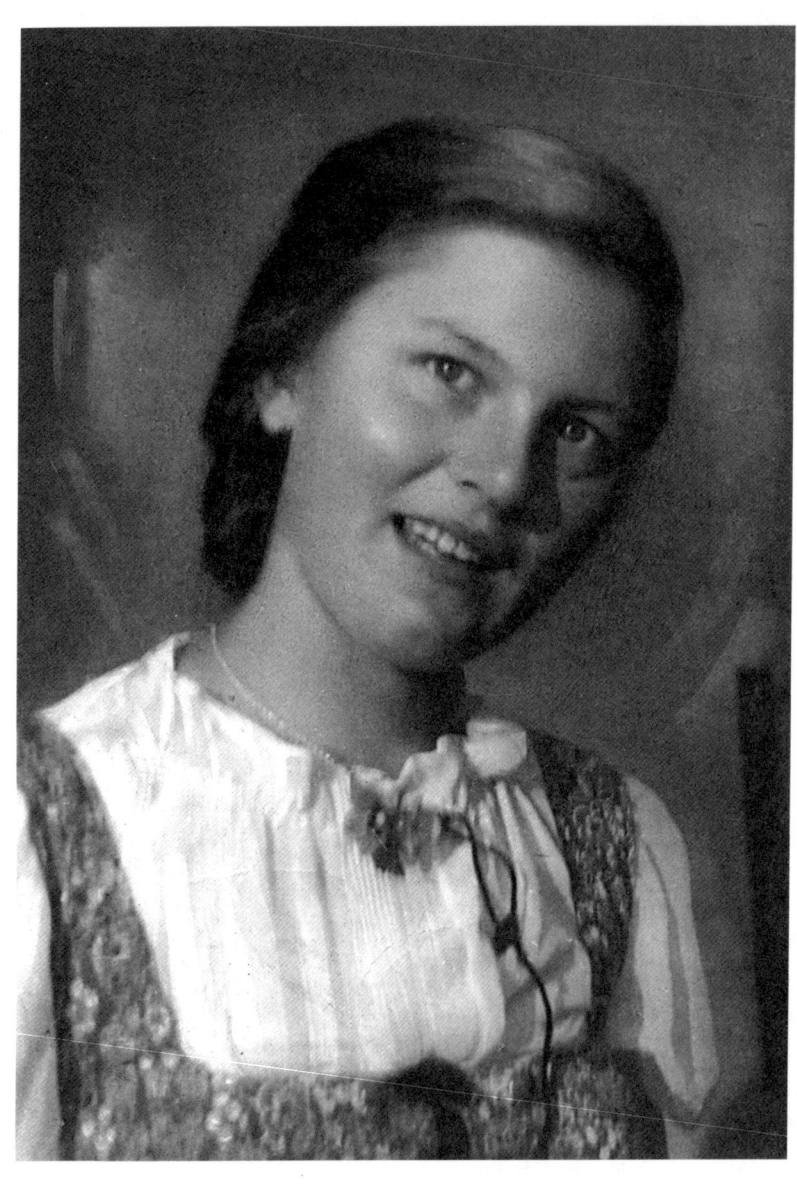

Christa Utnehmer

Christa Utnehmer

Christa Schönfeld (1921), geb. Utnehmer, ist eine Tochter des Carwitzer Gastwirtes Paul Utnehmer, der mit Fallada gute Beziehungen hatte. Sie war zwar nicht bei Ditzens angestellt, aber sie kann trotzdem vom Dorfmittelpunkt aus vieles erzählen, das mit der Büdnerei Nr. 17 zu tun hat. Frau Schönfeld, die mit Anna Ditzen mehr als 60 Jahre bekannt und befreundet war, lebt heute als Rentnerin in Carwitz.

Geh mal zu Ditzens, kauf einen Korb Mangold!

Als Ditzens 1933 nach Carwitz kamen, war ich 12 Jahre alt. Eines Tages hieß es bei uns in der Gastwirtschaft: „Also, die Ditzens kommen zum Essen!" Das war damals etwas Besonderes, so ein prominenter Schriftsteller, na, da wurden die Teller aber auf Hochglanz poliert, und dann musste ich mit meiner Schwester Evi zusammen das Essen raustragen. Das weiß ich noch genau, es wurde draußen im Garten serviert. Der Garten war mit alten Obstbäumen bestanden, und da hatten wir für die Sommerfrischler Tische und Stühle. Es war aufregend, weil Familie Ditzen eben besondere Gäste darstellten für unser Lokal, es war ja nur eine einfache Landgaststätte. Das ist meine erste Erinnerung.

Ein wenig später, der Uli war so vier, fünf Jahre alt, da wurden wir auch mal bestellt zu Ditzens auf den Hof. Sicherlich hatte Herr Ditzen schon mit meinem Vater gesprochen, denn der hatte als Gastwirt des Dorfes natürlich fast mit jedem Kontakt. Mein Vater konnte sehr gut erzählen, und er kannte sich hier in der ganzen Gegend genauestens aus, da werden er und Herr Ditzen sich bald begegnet sein. Jedenfalls wurde nachgefragt, ob wir uns als Kinder nicht mal mit dem kleinen Uli so ein bisschen beschäftigen könnten. Natürlich sind wir dort hingegangen. Meine Schwester konnte damals schon besser als ich mit Kindern umgehen, sie ist öfter runter zu Ditzens und hat den Uli beaufsichtigt, mit ihm gespielt.

Sie wohnten ja am Ende des Dorfes so ein bisschen für sich, man hat damals am Anfang noch nicht so viel gesehen und gehört von ihnen da unten. Später wurde das anders. Ditzens hatten dieses wunderbare Anwesen von Wehrles. Sie haben alles sehr in Ordnung gebracht, am Anfang soll es ja schlimm ausgesehen haben. Aber bei ihnen war der Garten immer tiptop bestellt und gepflegt. Außer den vielen Blumen wurde sehr schönes Gemüse angebaut, sie führten ja eine richtige Wirtschaft mit Haustöchtern und Gärtner, das war der Hubert Räder. Es haben dort auf dem Hof noch andere Leute aus dem Dorf gearbeitet, Männer und Frauen, z.B. der alte Herr Lewerenz, Opa Lewerenz, wie wir gesagt haben. Sie hatten also schönes Gemüse, und da schickte uns unsere Mutter öfter mal runter zu Ditzens, etwas zu kaufen für unser Gasthaus. Einmal sagte sie zu mir: „Ach, unser Spinat ist wieder so geschossen, geh mal zu Ditzens, die bauen doch Mangold an, geh mal runter und kauf einen Korb Mangold." Und die haben sich darüber gefreut und gern abgegeben.

Dann wurde man erwachsener, und die Haustöchter waren auch so in unserem Alter, mit denen kamen wir oft zusammen. Einmal sollten wir zu so einem Heimabend vom BDM, da saß auch eine Haustochter von Ditzens da, das war aber nur einmal.

Hubert Räder, der genoss nicht nur bei Ditzens ein hohes Ansehen, sondern natürlich auch sehr bei den Haustöchtern, er war allgemein beliebt und wurde geliebt, sie haben sich immer alle so ein bisschen um ihn gestritten, dabei war es gar nicht ein schöner Mann.

Bei uns im Gasthaus war auch Tanz, und da kam die Dorfjugend zusammen. Es ging ja alles sehr gesittet zu, was denken Sie! Im Saal wurden die Bänke, wie das auf dem Lande üblich war, rundherum aufgestellt, und da saßen die Mädchen an den Wänden entlang. Die Männer, die jungen Burschen aber, die standen vorn an der Tür zum Saal, wo es so ein paar Stufen runtergeht auf den Tanzboden. Die tranken was an der Theke und standen am Saaleingang, und wenn dann zum Tanz aufgespielt wurde, holten sie sich die Mädchen, die wie zur Schau aufgereiht saßen und nur darauf warteten, dass sie geholt würden. Natürlich waren Ditzens Haustöchter auch dabei, eine war hier aus Conow [1], die Martha Frenz, die mochten Ditzens sehr, aber leider ist sie schon lange tot.

Die Hausmädchen wechselten ja bei Ditzens öfter, und es waren manchmal auch sehr hübsche darunter, z.B. die Gertrud Malingriaux, Tüta oder Tütchen hat man gesagt. Tüta war beliebt bei allen. Einmal hat sie selbst erzählt, dass sie eine Karte gekriegt hätte von Soldaten, die vorher bei uns einquartiert gewesen waren, und da hätte draufgestanden: „Liebe kleine Lilo und liebes reizendes Tütchen!" Auf die Lilo, eine andere Haustochter bei Ditzens, kann ich mich auch noch besinnen, die war klein und auf Draht. Manchmal gab's auch Ärger mit den Mädels vom Dorf, weil die Männer lieber Ditzens Haustöchter zum Tanz holten, das war eben was Besonderes. Es war immer eine Menge Trubel, wenn Tanz war.

Einmal, das war noch vor dem Krieg, da waren die Hausmädchen von Ditzens auch hier, im Mittelpunkt stand an dem Abend ein Verwandter von uns, das war ein Österreicher, so ein richtiger Charmeur, und den haben alle umschwärmt. Da haben sie ein Grammophon und Platten geholt und einen tollen Abend veranstaltet, nicht im Saal, sondern im kleinen Gastzimmer, das es heute nicht mehr gibt. Meine Mutter war schon ins Bett gegangen, aber am nächsten Morgen hat mein Bruder gesagt: „Du Mama, da hättest Du mal unsern Vater erleben müssen, wie er sich vor den Mädels in die Brust geschmissen hat! Und abgeküsst haben sie ihn auch." Das waren eben immer die Haustöchter von Ditzens, die hier für Stimmung gesorgt haben, wenn die kamen, wurde es lustig, die hatten Temperament, und das hat auch allen gefallen, außer den Mädels von hier vielleicht.

Da fällt mir noch eine Geschichte ein: Er hatte auch mal eine Krankenschwester, wie hieß sie doch gleich, Sophie hieß sie. Das war so eine Kleine, aber ganz lebendig, ein Temperament hatte die, ich kann Ihnen sagen! Es muss am Anfang des Krieges gewesen sein. Ein harter Winter mit sehr viel Schnee, ganz Carwitz war tief verschneit. Abends war Tanz, da wurde am Tag schon das Gastzimmer gewischt und dann geölt, es gab so ein Stauböl. Etliche Carwitzer Soldaten waren auf Urlaub, sie standen an der Theke, sie tanzten mit den Mädels, der Schnee war von den Stiefeln abgetaut, ich seh noch auf dem Fußboden die Wassertropfen liegen, nasse Spuren auf dem geölten Holz. Die Männer tranken Schnaps, als die Sophie reinkam, ich weiß nicht mehr, ob sie allein war, na, jedenfalls ein großes Hallo - und meine Sophie hat gleich feste mitgemacht. Eigentlich war das schon außergewöhnlich, sonst haben die Mädchen doch im Saal auf der Bank gesessen wie die Hühner auf der Stange und schon gar nicht bei den Männern einen harten Schnaps mitgetrunken. Aber die Sophie war aus Berlin und kess dazu. Na, die Männer kamen in Stimmung, und einer von ihnen, es waren eben Soldaten, fing nun an zu kommandieren: Hinlegen, auf, hinlegen, auf - und meine Sophie mit ihrem schneeweißen Pullover auf dem geölten Fußboden mit den Wasserlachen, also nein, wie die anschließend aussah, schade war's um den Pullover, das gute Stück! Es wurde gelacht - und weitergemacht.

Der Herr Ditzen, der kam öfter mal vorbei in unserm Gasthaus, aber nicht so, wie das jetzt in den Büchern, Biografien geschrieben wird, dass er nur getrun-

Ausfahrt mit dem Kutschwagen, Anna Ditzen, Mücke, Hans Fallada, Paul Utnehmer und Uli

ken habe. In diesen Jahren hier in Carwitz nicht, nachher zum Ende hin ging es wieder anders her, aber in meinen Augen war er ein sehr netter, höflicher und vor allen Dingen kein arroganter Mensch. Er kam zu uns ins Gastzimmer, sprach dann mit meinem Vater, dabei rauchte er ständig und lief umher. Na ja, ab und zu wird er auch mal einen Korn getrunken haben, so wie jeder andere auch, im Stehen an der Theke, und dann lief er mit dem Glas in der Hand hin und her und unterhielt sich dabei mit meinem Vater. Nie saß er mit ihm am Tisch bei solcher Gelegenheit, das hab ich niemals gesehen. Dann hat er seine Zigarette geraucht, anders kenne ich ihn eigentlich überhaupt nicht.

Und natürlich haben wir ihn auch draußen oft gesehen. Wir bestellten unsere Landwirtschaft, gleich hinterm Hauptmannsberg hatten wir Land, wo wir arbeiten mussten. Dort ging Herr Ditzen oft mit seinen Kindern spazieren und kam ran, wenn er uns auf den Feldern sah beim Kartoffelbuddeln. Dann hat er ein paar Scherze gemacht, mit meinem Vater verhandelt, irgendetwas verabredet, ganz normal und sehr freundlich und kein bisschen arrogant.

Wenn wir mal zum Baumwerder² gingen, der Ausdruck Bohnenwerder ist verdreht und kam erst später auf, dann sind wir ja bei Ditzens vorbei. Frau

Ditzen sahen wir oft im Garten. Sie machte immer einen ganz ernsten Eindruck dabei, so hab ich sie von damals in Erinnerung, ernst und ruhig, keine Späße, wie er es tat. Sie ging immer ganz einfach gekleidet, und obwohl sie genug Personal hatten, arbeitete sie immer mit, scheinbar war das auch ihre Art, sie hat immer in Hof und Garten irgendwas gemacht. Blumen waren ihre ganz große Freude, was denken Sie, was das für eine Blütenpracht war, den ganzen Zaun entlang zur Straße hin, alles war voller Blumen, es war wunderschön.

Ein großes Ereignis war für ganz Carwitz, als 1938 der Film „Altes Herz geht auf die Reise" gedreht wurde. Es kam in der Gastwirtschaft wie ein Einfall über uns, auf einmal so viele Menschen da wie nie. Die Filmleute spielten alle ein bisschen verrückt. Ein Aufwand war das, und wir hatten so viel Arbeit, denn alle wollten essen, wir waren das einzige Gasthaus im Dorf, immer die Stube voll. Und dann bei den Filmaufnahmen, es ging ja nur bei Sonnenlicht - und der Eugen Klöpfer[3], wenn der erst mal beim Essen saß, dann saß er, dann war er nicht so schnell bereit, wieder aufzustehen. Da konnte die Sonne scheinen, wie sie wollte. Es gab manchen Krach deswegen hier in der Gaststube.

Wir Mädels wollten doch so gerne mal mitmachen bei dem Film, viele Carwitzer wurden als Statisten benötigt. Aber bedenken Sie, es war in der Erntezeit, und die Bauern haben geschimpft, weil sie keine Leute gekriegt haben. Beim Film haben sie 15,- Mark pro Tag gezahlt, schon deshalb wollten alle dabei sein. Unser Vater hat es dann erlaubt, dass wir in Feldberg mal mitmachen dürfen. Weil die vom Film alle nach Feldberg sind, hatten wir im Gasthaus nicht so viele Essensgäste, so betrachtet war das günstig und wir durften als Statisten dabei sein.
Da gibt es im Film so ein Fest mit viel Volk um die Dorflinde herum, und beim Tanz wirbeln zwei Mädchen durch die Mitte, das sind wir, meine Schwester Evi und ich. Das Bild hat mir mein Schwiegersohn vom Fernseher abfotografiert, ist doch nett, nicht wahr!

Eine Zeit lang hatten Ditzens auch ein Auto, ich weiß nicht, waren die Sitze mit rotem Leder bezogen? So seh ich es fast noch vor mir. Und der Hubert Räder war nicht nur Gärtner, sondern auch Chauffeur. Als der Krieg ausbrach, wurde er eingezogen, da fuhr Frau Ditzen den großen Wagen, denn Herr Ditzen hatte keinen Führerschein. Aber auch das Auto wurde eingezogen - und da entstand wieder das Problem mit dem Einkaufen. Es waren auch

manchmal Händler im Dorf, die von einem Planwagen aus Lebensmittel ver-
kauft haben, die einfachsten Sachen aber nur. Ditzens mussten also nach
Feldberg, und weil kein Auto mehr da war, kam Herr Ditzen eines Tages zu
meinem Vater und hat mit ihm verhandelt. Mein Vater machte nun für Ditzens
wieder wie früher häufig Fahrten mit dem Kutschwagen und fuhr mit ihnen
nach Feldberg zum Einkaufen. Das hat einen halben Tag und auch länger
gedauert, und dann fuhren sie auch zum „Deutschen Haus" mit ran, zum
Mittag. Zu Familie Wendel hatten Ditzens all die Jahre hindurch ein sehr gutes
Verhältnis, und zwar von Anfang an.
Das war so gekommen: Frau Wendel hatte der Frau Ditzen geholfen in
Carwitz, sie hat ihr einst das Kochen so richtig beigebracht, das war nämlich
eine ganz tüchtige Köchin, die Frau Wendel. Später dann hat sie auch beim
Schlachten geholfen, beim Wurstmachen...

Von einer besonderen Fahrt hat uns unser Vater erzählt. Der kleine Achim war
in Berlin zur Welt gekommen, das war 1940. Mein Vater holte Herrn Ditzen
aus Templin ab. Dort hatte er wohl Uli besucht, ihm von dem Brüderchen in
Berlin erzählt und dann noch einen neuen Weckapparat gekauft, so ein
großes Ding aus Blech. Das hat mein Vater nicht vergessen, wie Herr Ditzen
so glücklich über den kleinen Achim war, dass er wie ein Junge die ganze
Fahrt auf dem Wecktopf getrommelt hat vor Freude.

Eine andere große Fahrt machten Ditzens mit meinem Vater nach Hammelspring, dort wohnten Malingriauxs. Hammelspring ist ein Dorf bei Templin, Richtung Zehdenick. Die Riesenstrecke sind sie mit dem Kutschwagen
gefahren, um Tütchens Eltern zu besuchen. Die hatten bei Kriegsbeginn in
Hammelspring eine Gastwirtschaft aufgemacht.

Ich habe noch heute einen ganz großen Respekt vor Frau Ditzen, was das
doch für eine großartige Frau war, sie war schlicht gewesen und dabei ein
ganz wertvoller Mensch, eine großartige Frau, und dass Herr Ditzen diese
Frau verlassen hat, das hat ihm und seinem Ruf in Carwitz sehr geschadet, hat
sehr viel zerstört.

Ich kann mich erinnern, als ich so an die 20 war, da ging das los mit der
Anneliese Bentzien[4], und es war sofort bekannt überall, das war die Kata-
strophe. Ich kann mich noch deutlich erinnern, wir waren in der Küche, und
meine Mutter kam von vorne, von draußen rein und sagte: „Nein, also so was,

das ist doch furchtbar, ich habe eben Herrn Ditzen gesehen, und der ging Arm in Arm mit der Anneliese durchs Dorf, und den Uli hat er an der andern Hand dabei. So mitten durchs Dorf zu gehen!"

Dabei war es doch so ein freundlicher und höflicher Mensch, der im Dorf von vielen geachtet war. Aber das war der Abstieg, es war fürchterlich - und alle konnten es sehen.

IM CARWITZER KROG

Es war im Krog. An einem Sommerabend fand dort die Lesung aus einem Buch statt, das gerade erschienen war und in dem von Hans Fallada berichtet wurde[5]. Der Saal war zehn Minuten vor 8 Uhr schon ziemlich voll, hinter den letzten Stuhlreihen wurden noch zwei Holzbänke aufgestellt, dann gab es kaum noch Sitzplätze. Vorne am Tisch saßen die Autoren. Dazu gehörte auch Falladas ältester Sohn, den hier immer noch viele kennen. Alle natürlich längst nicht mehr, die Zeiten, als Uli, Mücke und später Achim Carwitzer Kinder gewesen waren, die sind lange vorbei. Uli Ditzen ist ja schon vor Jahrzehnten weg aus Carwitz, viel früher noch als seine Mutter. Sicher waren also auch seinetwegen die Leute zum Krog gekommen, besonders die jüngeren erhofften sich Neues über Fallada aus erster Hand.

Es interessierte das Publikum, was da vorgelesen wurde, aber am meisten knisterte es in den Sitzreihen vor Spannung, als Uli Ditzen die Manuskriptseiten schließlich beiseite legte und aus seiner Kindheit erzählte. Da ging es nicht mehr so sehr um Hans Fallada und seine Schriftstellerei, sondern um das einfache Leben, den dörflichen Alltag, wie das war mit der Schule und dem Lehrer Schwoch und wo im Dorf damals der Bäcker gewesen war, wie man im Winter mit einem Pekschlitten[6] übers Eis gleiten konnte und wo die Kinder ihre Badestelle hatten, überhaupt wie das alles so war damals in Carwitz.
Die Alten in den hinteren Reihen nickten mal beiläufig, wie es schien, ja, ja, so war dat woll, manchmal vielleicht auch bedauernd, andere atmeten auf, dass es heute anders sei, ganz anders. Jeder im Saal konnte hier einfach seine Vergleiche anstellen zwischen damals und heute, und man fand die Unterschiede beglückend oder erschreckend, ein bisschen aufregend, aber allemal unterhaltsam. Und wer nicht von hier war, sah den Leuten ihr Interesse an, spürte ihre Empfindungen und teilte sie vielleicht sogar. Ein voller Gasthaussaal - und es war still in ihm, als da gesprochen und erzählt wurde von früher.

Dann löste sich die Spannung ein wenig, es wurde getuschelt, hier und da regten sich Fragen - und jemand stand auf und sprach aus, was man manchmal noch immer hören, ja sogar lesen kann und dem man auch in Carwitz, zwar seltener mit der Zeit, aber immer noch mal begegnet: Der Fallada, der stand sich doch nicht besonders gut mit den Carwitzern, und die mochten ihn doch auch nicht, die lehnten ihn doch ab, so wie der gewesen ist! Da war es sofort wieder mucksmäuschenstill im Saal. Da vorn saß Falladas Sohn - was sagt der denn jetzt dazu?

Gar nichts sagte der, er schaute in die Menge, ganz ruhig, ja gelassen, jeder konnte sehen: So etwas hörte Uli Ditzen nicht zum ersten Mal. Aber jener Mann hatte seine Meinung so vorgetragen, als sei er damals in Carwitz dabei gewesen, und das forderte einheimischen Widerspruch heraus. Die Carwitzer, das ist ein eigenes Völkchen, die lassen so schnell nichts auf sich kommen. Schon erhob sich in den hinteren Reihen eine ältere Frau und fiel dem Redner ins Wort. Woher er das wissen wolle, fragte sie zupackend. Er sei ja wohl nicht von hier, aber sie sei es, und zwar seit mehr als sieben Jahrzehnten. Da könne sie es besser wissen.: „Der

Christa Schönfeld, geb. Utnehmer, 1998

Hans Fallada hatte keine Feinde im Dorf, aber doch viele, die ihn respektierten. Die Ditzens waren beliebt, besonders Frau Ditzen natürlich und die Kinder auch, fragen Sie mal die alten Carwitzer. Aber auch Hans Fallada hatte guten Kontakt zu den Leuten, zu den Handwerkern sowieso, zu einigen sogar besonders guten Kontakt, z.B. zu meinem Vater, und da werd ich es ja wissen.“

Zu der Frau musst du mal gehen und sie nach damals ausfragen, die weiß sicher noch Sachen, die du erfahren musst, dachte ich mir.

Anmerkungen

1 Conow, ein Dorf bei Carwitz
2 Baumwerder, heute auch Bohnenwerder, eine Halbinsel im Carwitzer See, in der Nähe von Ditzens Hof
3 Eugen Klöpfer, deutscher Schauspieler, Hauptdarsteller in „Altes Herz geht auf die Reise"
4 Anneliese Bentzien, Mädchen aus Carwitz, Haustochter bei Ditzens
5 Müller-Waldeck, Gunnar u. Ulrich, Roland (Hrsg.): Hans Fallada, sein Leben in Bildern und Briefen. - Berlin: Aufbau-Verlag, 1997.
6 Ein kleiner Holzschlitten, auf dem man, aufrecht stehend, sich mit einem Stock, der eine metallische Spitze (Pike) hatte, auf der Eisfläche vorwärts stieß.

Urselchen

Ursula Schmidt

Ursula Bartels (1926), geb. Schmidt, stammt aus Carwitz und war von April bis November 1940 bei Ditzens angestellt. Seit dieser Zeit hatte sie ein freundschaftliches Verhältnis zu Ditzens, besonders zu Anna Ditzen. Als in den 70er Jahren im heutigen Hans-Fallada-Haus ein erstes Gedenkzimmer eingerichtet wurde, übernahm Frau Bartels für einige Jahre die Besucherbetreuung. Heute lebt sie als Rentnerin in Carwitz.

Urselchen hat Frau Ditzen zu mir gesagt

Ich bin in Carwitz geboren, im Jahre 1926 in diesem Haus, wo ich heute noch wohne. Mein Vater war Maler, unser Leben im Dorf war damals sehr einfach hier, aber alles verlief doch geordnet. 1934 kam ich in die Schule. Es war eine Einklassenschule, von der 1. bis zur 8. Klasse, alle wurden in einem Raum unterrichtet. Und es hat trotzdem alles geklappt, wir haben alle Lesen und Schreiben und Rechnen gelernt. Von unserem Jahrgang waren wir eigentlich in der Klasse nur vier. Die Schule war da unten neben der Kirche, ganz rechts vor der Tür zum Klassenzimmer war noch so ein kleiner Windfang, da haben wir unsere Sachen abgelegt, unsere Mützen und Mäntel im Winter. In der Klasse war ich zusammen mit Gretel Reinke, die da drüben wohnte, aber sie ist schon gestorben, und dann mit Kurt Güldner und Gottlieb Rohde, der ist im Krieg geblieben. Das war der, der in dem Film „Altes Herz geht auf die Reise" den einen Jungen gespielt hat, wissen Sie, es waren zwei Jungen aus Carwitz mitgegangen zum Film nach Babelsberg, also Ottsche und wie hieß denn der andere noch, ich komm jetzt nicht drauf, also einer von den Jungs war es, und die Lehrertochter war auch dabei. Die Lehrer haben ja öfter gewechselt, aber der eigentliche Lehrer im Dorf war Herr Schwoch. Es war die Hitlerzeit, und er war ein echter Nazi, also wirklich. Der hat uns so richtig geimpft, was Glaubenssachen betrifft und Überzeugung. Er hat uns dazu gebracht, dass wir zu unsern Eltern gesagt haben: Unser Lehrer hat das so und so erklärt, und was ihr sagt, das ist alles überholt, das ist alles veraltet, das gilt nicht mehr. Das hab ich gesagt, und das hängt mir heute noch an. Das war eben der Einfluss.
Damals waren Seidenraupen in Mode gekommen, die hat unser Lehrer Schwoch

Carwitzer Schulkinder 1938,
Kurt Güldner, Uli und Mücke Ditzen, Gottlieb Rohde

gezüchtet. Auch in Carwitz wurden dafür Maulbeersträucher gepflanzt. Bei der Badestelle war das am letzten Zipfel vom Luzin, unterm Hauptmannsberg, wo jetzt alles verwildert ist. Also auf den Schwoch hab ich wirklich nichts gehalten, aber das hat er geschafft, die Eltern alle angespornt, dass sie alle gemeinschaftlich eine herrliche Badestelle gebaut haben, mit einem Quersteg und einem Längssteg und zwei Leitern vorn, und hinten gab es ein Sprungbrett, es wurde wirklich eine schöne Badestelle. Da lag auch so ein bisschen Vorland, wo man sich noch hinsetzen konnte, und dort ist die Maulbeerhecke gepflanzt worden. Wir sind da oft gewesen, es war wirklich eine schöne Badestelle.

Im Dorf war während meiner Kindheit viel los. Da gab es die Bauern, die waren so ein bisschen für sich. Sogar in der Kirche hatten sie extra Stühle, heute ist das alles weggerissen, es waren so kleine Buchten, wo sie saßen. Dann waren da die Eigentümer und die Handwerker, ein Stellmacher, ein Schmied, zwei Maler, Herr Tock und mein Vater. Neulich erst hab ich noch ein Buch gefunden beim Umräumen, wo mein Vater eingeschrieben hat: Am soundsovielten bei Ditzen den Anbau gestrichen, dann stand wieder mal: Fenster gestrichen. Einen Müller gab es auch oben am Dorfeingang und außerdem die Gastwirtschaft, das war Utnehmer.

Gespielt haben wir Kinder an dem kleinen Häuschen, Hüschen haben wir immer gesagt, was jetzt ausgebaut ist, wo die Tochter von Kopeke wohnt, da wurde viel rumgespielt. Ein alter, verfallener Lehmkaten, da guckte der Wind durch, das war unser Spielplatz. Aber es war auch so: Unterdorf und Oberdorf waren schon immer ein bisschen für sich, auch bei den Kindern war es so: die haben unten gespielt und wir oben, das war schon eine gewisse Trennung, es war aber auch ein bisschen weit weg.

Der Friedhof im Dorf war damals schon alt, ich glaube nicht, dass da noch beerdigt wurde. Es war längst der alte Friedhof, und oben an der Mühle war der neue. Da steht ein Grabstein von den Siebrechts, das waren die ersten, die dort bestattet wurden, ich weiß, es war im Jahre 1923. Aber der Dorffriedhof hier, der war sehr schön mit seinen uralten Bäumen, die Lerche, nein, die Nachtigall hat darin geschlagen, gerufen. Es gab riesengroße Lebensbaumhecken und kunstvolle Eisengitter, früher haben sie die Gräber so eingefasst, mitten im Dorf hatten wir so einen schönen friedlichen Ort mit dem Blick übern Luzin.

Ach, es war allerhand los im Dorf, es gab einen Gesangsverein, einen Geselligkeitsverein, einen Schützenverein, so wie es heute wohl wieder ist, das gab's alles in Carwitz. Mein Vater hatte so ein bisschen Begabung fürs Theaterspiel, und so hat er sehr schöne Theaterstücke einstudiert mit Leuten hier aus Carwitz. Da sind die Besucher extra von weit her gekommen, das wissen sogar jetzt noch welche, erst kürzlich sagte jemand zu mir: „Mensch, was hat dein Vater damals für schöne Theaterstücke aufgeführt!" Lebende Bilder und auch richtige Aufführungen mit Kostümen, wirklich, das war immer alles sehr aufregend, und die Leute hatten ihre Unterhaltung. Das fand dann im Saal vom Krog statt. Es war dort zwar alles ein bisschen einfach, aber es klappte dann schon. Wenn Vater hinging, um die Vorstellung vorzubereiten, hatte er von zu Hause elektrische Lampen und Leitungen mitgenommen, dass alles auch schön beleuchtet war, und es hat dann auch immer starken Anklang gefunden und viel Beifall.

Unten, am Ende des Dorfes, wo dann Ditzens hingekommen sind, waren vorher die Wehrles. An dem Haus, wo Güldners wohnten, am Weg zum Hullerbusch, war ein großes Schild angebracht, da stand zu lesen: Haus Wehrle am Carwitzer See, mit einem Pfeil, der dahin zeigte. Das sollte ein Café sein. Aber es klappte nicht so richtig, sie konnten nicht wirtschaften.

Fallada hat es ja beschrieben. Ich weiß noch, die Frau ging so ein bisschen lahm, aber sie war nett. Meine Mutter, wir hatten ja damals noch keinen Fotoapparat, hat Frau Wehrle gebeten, ob sie nicht meinen kleinen Bruder und mich fotografieren würde. Und das hat sie gemacht. Es muss 1931 gewesen sein, mein Bruder, der war damals erst ein Jahr, konnte noch gar nicht richtig laufen, und ich bin als Fünfjährige auch mit auf den Bildern. Unten bei sich im Garten am See hat sie uns fotografiert, sogar der Fliederbusch ist noch drauf, aber die Bilder

Haus Wehrle, Carwitz um 1930

hab ich nicht, die hat mein Bruder natürlich in seinem Album. Viel mehr weiß ich von den Wehrles nicht, sie sind dann bald verschwunden. Mit dem Cafè, das hat nicht funktioniert, sonst wären sie ja auch nicht weggegangen.

Und vor Wehrles war das eben eine richtige Landwirtschaft, meine Schwiegermutter hat immer noch erzählt von dem Schulz, der der Vorbesitzer gewesen war.

Die Häuser sind ja eigentlich alle gleich. Findeisens, das war ein bisschen größer, weil da die Stellmacherei drin war, Güldners Haus, die haben alle den gleichen Baustil, und so war das da unten auch. Fallada hat es dann erst verändert durch die Veranda und hinten den Anbau an der Küche. Sonst sind die Häuser in unserem Dorf alle ähnlich, oft hatten die Leute auf dem Hausboden ihr Heu untergebracht, es war alles einfach und praktisch. Gästezimmer wie heute, das gab es damals höchstens vereinzelt. Bei Dreiseidels in dem Haus an der Kirche hat es einmal eingeschlagen, da hat es tüchtig gebrannt.

Die Kirche hat ganz früher einen Turm gehabt, der ist aber schon vor meiner Zeit abgetragen worden, er war baufällig geworden. Einen Pastor hatten wir auch nicht mehr in Carwitz, der war schon lange weg nach Feldberg.

Aber das Pfarrhaus, das stand noch da. Es war ein schönes, stattliches Haus, ein sehr schönes Haus, mit einer breiten Treppe davor. Wenn das heute noch vorhanden wäre, würde man es bestimmt nicht abreißen! Aber vor zwanzig Jahren

Das alte Carwitzer Pfarrhaus kurz vor dem Abriss 1978

haben die gesagt, das sei zu alt, man wollte es ausbauen, aber die Bauaufsicht hat entschieden: das sei Materialverschwendung, es ging ja immer ums Material, da wird nichts mehr rein gesteckt. Und so wurde es abgerissen. Es ist sehr schade drum! Sehr schade! Oben am Dorfeingang stand die Mühle, na, sie ist ja heute noch da. Ich seh im Geiste noch, wie sich die Flügel gedreht haben. Da musste ich manchmal hin, denn da haben wir unser Hühnerfutter geholt. Mutter hat gesagt: Holt mal 10 Pfund Hühnerfutter, und da sind wir raufgegangen, und die Müllersfrau kam extra raus und hat uns die 10 Pfund Hühnerfutter abgewogen. Die Mühle, die drehte sich dann, es hat gesaust, man dachte immer, man bekommt was auf den Kopf, wenn die Flügel so ankamen, die Schatten davon, das weiß ich noch ganz genau.
Im allgemeinen ist es ja so, dass die, die herkommen, es schwer haben mit den Carwitzern, Ditzens ging es doch so ähnlich, das hört man ja z.T. heute noch: Das war keiner von uns!
Die hatten es schwer - aber wir waren nicht so, ich bin es auch heute noch nicht, zu allem, was neu ist, kann ich ganz gut Kontakt halten, ich find es interessant. Aber es gibt viele, die so sind. Ich weiß auch, dass Frau Ditzen mal zu mir gesagt hat: „Ja, die Carwitzer waren ja immer ein bisschen böse mit meinem Mann wegen seiner Landwirtschaft." Da hatte er ja Erfolge gehabt, hier ist es nämlich schlecht mit der Landwirtschaft mit unserm Acker, unserm Sand, mit den Steinen,

Aus dem Film „Altes Herz geht auf die Reise", 1938
Ursula Schmidt rechts hinter den drei Diakonissinnen - Bildmitte

na ja, und da hat Frau Ditzen einmal erzählt: „Eine Bauersfrau hat mir gesagt, er stehe mit dem Schwarzen im Bunde."

Und dann kam die große Aufregung für das ganze Dorf, als hier der Film gedreht wurde. „Altes Herz geht auf die Reise". Das war 1938, da war ich noch nicht bei Ditzens.

Das war ja nun doch ein schönes Ereignis fürs Dorf, und wir haben alle mitgemacht, die Klasse insgesamt, und dann haben wir für das Geld eine Reise nach Rügen gemacht, und jeder hat auch selber noch ein bisschen Geld gekriegt. Na ja, das war schon eine tolle Sache, wir waren immer mit dabei. Es war da, wo jetzt Köllers wohnen, das war damals schon ein alter Bauernhof, alles etwas heruntergekommen, da wurde nun gedreht. Und dann im Wald oben, da wurde das Waldhaus aufgebaut, aber nur so eine Seite, so eine Attrappe, da wurde auch gefilmt, wo es nach Mechow geht, am Tiefen Grund, wo sie immer gesagt haben: da spukt es! Über Rosenhof, dann links rein und dann rechts im Wald, der Tiefe Grund, da ist so ein kleiner See, an dem Hang stand das Haus, und da war

Aus dem Film „Altes Herz geht auf die Reise", 1938
Ursula Schmidt als Gänsemagd

es. Jasper von Oerzen war der Schauspieler, der musste dann da noch angeln, einen Fisch aus dem Wasser holen. Wir wussten, dass das ein Buch von Fallada war, was da verfilmt wurde. Es war auch ein Bericht in der Zeitung, da war ein Bild von ihm dabei, aber dass Fallada sich da bei den Dreharbeiten im Dorf sehen gelassen hätte, also ich kann mich nicht erinnern, ich hab ihn eigentlich nicht dabei gesehen. In dem Film sind ja nun Dorfjungs, überhaupt Dorfkinder dabei, da gibt es eine Szene, wo der Professor Kittguss in der Schule auftaucht, und der Lehrer ist natürlich nicht der Schwoch, aber in der Szene, wo ein Mädchen dem Professor einen Blumenstrauß bringt, so ein paar Margeriten, so einzelne Margeriten, das war seine Tochter, die Christel Schwoch. Ich hab die Fotos noch, die haben uns dann die Kameraleute geschenkt, das sind noch die Originalbilder. Hier ist der Köllerhof zu sehen, den Berg hoch an der Kirche. Bei der Szene mit den Diakonissenschwestern musste ich mich da oben auf die Bank stellen, da steh ich auf dem Foto noch immer, da ist die Frau Dreiseidel und da ist Ehrhard Hartig, da ist der Heinz Kunitzka, der mit nach Berlin gegangen ist. Dann sollte ich für den Film als Gänsemädchen mit dem Stock die Gänse durchs Dorf treiben. Die Gänse sollten sich teilen, haben sie aber nicht gemacht,

Dreharbeiten in Carwitz 1938,
Lehrer Schwoch - zweiter von links

erst liefen alle rechts, dann liefen alle links, dann noch mal, ein paar mal, immer
wieder den Berg hoch. Unser Lehrer Schwoch war natürlich auch dabei, er selbst
taucht in dem Film nirgendwo auf. Aber auf einem Bild, das die Dreharbeiten
zeigt, da steht er. Er war klein, und ganz jung war er noch. Das war unser Lehrer,
beliebt war er nicht gerade, bei Fallada schon gar nicht.

Im Jahre 1940 bin ich aus der Schule gekommen, ich war gerade erst 14 geworden am 20. März, und am 1. April hab ich schon bei Fallada, bei Ditzens, angefangen. Vater hatte dafür gesorgt, er muss mit Ditzen gesprochen haben, genau
weiß ich das ja auch nicht, aber jedenfalls ging das gleich nach der Schule los.
Ostern war ich schon frei. Ich habe mich über die Arbeitsstelle gefreut, na, ich
wollte auch eigentlich nicht weg, ich wollte in meinem Heimatdorf bleiben. Der
Achim ist ja am 3. April geboren. Das wird auch der Grund dafür gewesen sein,
dass ich dort bei Fallada die Stelle gekriegt habe. Ich erinnere mich noch deutlich, dass er später öfter gesagt hat: „Weil die Mummi sich jetzt um das Kleinkind
kümmern muss, hab ich Dich noch eingestellt."

Am Kinderzimmerfenster, am ersten vom Hof aus, da stand so eine kleine Krippe, Esel haben wir früher gesagt, so überkreuz zwei Hölzer und darüber ein Tuch. Da hat der kleine Achim, so winzig wie er war, drin gelegen. Ich sehe es direkt noch vor mir, wie Frau Ditzen da am Fenster mit dem kleinen Achim geturnt hat, Säuglingsturnen gemacht hat.

Also am 1. April 1940 fing ich bei Ditzens an. Morgens um 6 musste ich da sein, es war schon hell, ich weiß noch genau, wie ich da so früh hingefahren bin. Sicher war ich aufgeregt, aber alles war geregelt, die Arbeit war eingeteilt, und schon ging es los.

Auf dem Hof waren mit mir zusammen noch andere angestellt, der eine war Lindenberg. Der hatte Angst vor dem Hund. Ich hab dann morgens Schuhe geputzt, und Lindenberg musste da im Stall was machen. Und dann gab es noch Opa Lewerenz, er war so ein kleiner, lustiger. Opa Lewerenz war mit uns verwandt, aber zu meiner Zeit hat er die Schweine bei Ditzens nicht mehr gefüttert, ich würde mich sonst daran erinnern, aber ich kenne natürlich Opa Lewerenz ganz genau. Und natürlich Hubert Räder, der war dann nur noch einmal im Urlaub da, er war schon eingezogen zu den Soldaten im Krieg. Den hab ich gut gekannt, er hatte unten bei Ditzens das Gärtnerzimmer bewohnt, gebürtiger Carwitzer war er nicht. Aber ich habe vor kurzem gehört, dass man in der Kirche jetzt eine Tafel für die Gefallenen des 2. Weltkrieges hingehängt hat, da steht Hubert Räder drauf, und auch Gottlieb Rohde.

Und dann waren ja auch noch Haustöchter da, mit denen ich zusammen bei Ditzens war. Ich kann mich erinnern an die Herta Taesler und Tüta, aber die ist nachher noch zu mei-

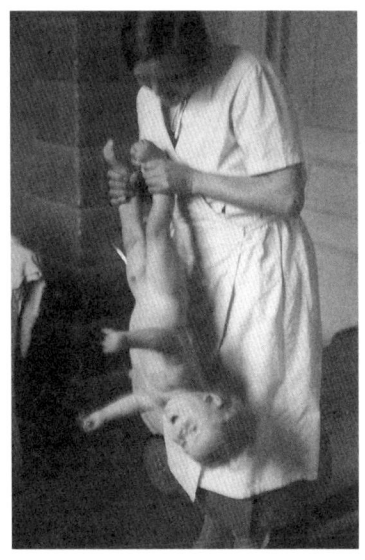

Säuglingsturnen,
Anna Ditzen und Achim, 1940

Hubert Räder

ner Zeit weggegangen. Dann gab es noch eine, die war nur ganz kurz da. Die stand immer in eine Decke gehüllt, stand so da, ich weiß nicht, was mit der los war, vielleicht hat sie Heimweh gehabt. Oder sie war krank. Ihren Namen habe ich vergessen.

Nun wurden die Arbeiten eingeteilt, ich hatte die Schuhe zu putzen fürs erste, die standen alle da im Regal in dem Vorbau, den gibt es ja noch. Da war damals eine Pumpe, und am Schwengel wurde, wenn Quark gemacht wurde, immer der Sack mit dem Quark aufgehängt, da haben wir immer gelacht, das tropfte dann so ab, und wir haben immer gelacht.

Also, fürs Schuhe putzen war ich morgens zuständig, es gab eine Menge Schuhe, auch die der Kinder und Besucher. Da hatte ich ganz schön zu tun. Danach wurde der Kaffeetisch gedeckt und gefrühstückt, dann die Zimmer saubergemacht. Da war jeden Tag eins zum Gründlichmachen dran, immer reihum, einen Tag das, und dann das, und dann das nächste, oben mussten wir auch saubermachen, na klar, das Balkonzimmer und das Hofzimmer. Bei den Mädels auch, die hatten in ihrem Zimmer zwei Betten und ein Waschbecken vorn gleich links, wenn man reinkam.

Das Hofzimmer über der Küche, da waren die ganzen Bücher drin. Ja - das war ein Zimmer voller Bücher, viele Bücher, überall an den Wänden Regale mit Büchern, und die Schreibmaschine stand da auch am Fenster, glaub ich. Da war ein kleiner Schreibtisch unterm Fenster, und darauf stand die Schreibmaschine, daneben war der Ofen zwischen den beiden Fenstern, ein schmaler, weißer Kachelofen. Seltsam, was man so im Gedächtnis behält: Ich weiß noch ganz genau, was da im Kinderzimmer hing: Dürers Hase, vorn, gleich im ersten Zimmer.

Urselchen hat Frau Ditzen zu mir gesagt, oder manchmal auch Ursula, aber groß auf die Arbeit hinweisen musste sie uns nicht, das war alles klar, das brauchte sie uns nicht groß zu sagen, jeder wusste, was er zu tun hatte. Der Kaffeetisch zum Frühstück wurde in der Veranda gedeckt, es ging ja zum Sommer, und da war es in der Veranda sehr schön und hell. Es war ein großer Tisch, war er oval oder war es ein viereckiger, jedenfalls war es ein langer Tisch. Und da saßen wir alle dran, die Familie und die Haustöchter auch, und Fallada, der saß oben, an der anderen Schmalseite, zum Garten hin, und Frau Ditzen saß unten, ihrem Mann gegenüber, und Mücke saß rechts von Frau Ditzen, na, und Uli muss doch dann schon in Templin gewesen sein. An der Wand stand so eine kleine Bank, das andere waren Stühle, die kleine Bank ging aber nicht um die Ecke, weil in der Veranda so ein großes Bücherregal unter den Fenstern war, und obendrauf standen die Blumen und Kakteen. Also rechts von Frau Ditzen saß Mückchen mit

Geräte zur Herstellung von Butter im Keller des Carwitzer Hauses

dem Rücken an der Wand und dem Blick zum See runter, und links saßen wir. Na ja, alle fragen immer nach der Pünktlichkeit. Es stimmt schon, da war er genau. Ich hab zwar nicht erlebt, dass er das Tischtuch runtergerissen hat, wie es im Film gezeigt wurde, aber es war schon so, die haben alle gezittert in der Küche, dass das Mittag zur Zeit fertig war, bloß nicht 'ne Minute später. Am Frühstückstisch, da hat er auch öfter erzählt, manchmal war er auch still. Ich weiß noch, wie er uns einmal aus seinem Pitaval etwas vorgelesen hat, er hatte solche Hefte mit Mordgeschichten, Kriminalfällen, einmal hat er erzählt, wie die Frau die Männer umgebracht hat, daran kann ich mich erinnern.

Zum Frühstück, glaub ich, gab's bloß Marmelade und Honig und Kaffee dazu, jedenfalls keine Wurst, und frische Brötchen vom Bäcker? Ne, ne, ne, das gab's damals nicht, ich denk, mehr Brot. Beim Kochen haben wir mitgeholfen, beim Vorbereiten wenigstens, es gab bei Ditzens jeden Tag eine Vorsuppe. Das war schon was, was wir nicht so kannten, jeden Tag eine Suppe. Mal Tomatensuppe, dann so eine Grünkernsuppe, ich hab die nie wieder gesehen, sie sah so ein bisschen grünlich aus und hat gut geschmeckt. Oder Buttermilchsuppe, die war auch sehr gut im Geschmack, irgendwas gab's immer, es war überhaupt gutes Essen bei Ditzens. Ob's immer Fleisch gab, das weiß ich nicht, auf jeden Fall auch oft Fisch. Und wenn Besuch kam, wenn z. B. der Dr. Burlage kam, da konnte es Nachmittag sein, die kriegten auch am Nachmittag noch ihren Schlei mit Butter. Am Tisch war es lebhaft, Kinder waren ja immer da, es wurde erzählt und gelacht, und zum Nachtisch gab's fast immer einen Pudding oder Kompott, das war alles vorhanden, denn das Obst aus dem Garten wurde ja eingekocht, Birnen, Beerenobst auch.

Zu meiner Zeit hat Frau Ditzen wegen des Babys nicht sehr viel in der Küche gestanden, da haben hauptsächlich die Mädels gekocht. Gekocht wurde auf dem Kohle-Herd, links, wenn man vom Esszimmer her reinkommt, da stand so ein ziemlich großer Herd. Ach, in der Küche war es oft turbulent. Ich weiß noch, rechts stand der Küchentisch, links gegenüber war der Ausguss, wo die Spüle ist.

Ich war auch in der Küche, es wurde eingeweckt und in den Keller gebracht. Im Keller befand sich die Zentrifuge. Es gab ja extra eine Frau, die die Kuh gemolken hat, die hat dann auch gleich die Milch durchgedreht und anschließend gebuttert, das geschah alles unten im Keller. Es war nicht immer die gleiche Frau, die die Butter gemacht hat, mal war es die, mal war es eine andere, mal hat es die Mutter von der Anneliese gemacht, und dann die Frau Lindenberg, und ich weiß nicht, meine Schwiegermutter, die muss da auch mal gearbeitet haben.

Ja, Fallada hatte in guten Zeiten seine Hofangestellten, er hatte einen fürs Pferd und einen für die Kuh und für die Bienen. Als Räder weg war, hat er sich dann um die Bienen selbst kümmern müssen, und später hat es Frau Ditzen auch gemacht. Die Bienen hatte sie lange, noch bis in die 50er Jahre.

Mit dem Einkaufen war es manchmal kompliziert, später, als Fallada nicht mehr da war, da ist Frau Ditzen immer mit dem Gastwirt Utnehmer mitgefahren, der hat sie dann mit dem Wagen mitgenommen, aber vorher? Brot gab's ja beim Bäcker, den hatten wir im Dorf, aber wo sie den andern Kram eingekauft haben, wahrscheinlich in der Stadt. Und wenn sie Fisch essen wollten, dann sind sie natürlich zum Fischer.

Da fällt mir noch eine Episode ein: Es war wieder mal eine neue Haustochter gekommen, sie haben öfter mal eine neue gehabt, und da hat Fallada zu ihr gesagt: „Sie dürfen nicht versäumen, zum Fischer zu gehen". Der alte Fischermeister, der Vater von dem Peter Haase, war so ein Großer, Stattlicher, und da hat Fallada zu der Haustochter gesagt: „Der Fischer, das ist der schönste Mann aus der ganzen Gegend, da müssen Sie unbedingt hingehen und da müssen Sie sich Atropin in die Augen tun und dann Eindruck auf ihn machen." Das hab ich damals natürlich nicht verstanden, erst später hab ich's begriffen. So war Fallada eben auch, er hat gern mit den Leuten gesprochen und dabei auch Späße gemacht.

Und dann die Pilze! Fallada war doch ein leidenschaftlicher Pilzesucher, ich weiß noch, dass sie viel gesammelt haben, aber sie haben manchmal auch Pilze gekauft. Morcheln, das war die Spezialität von Frau Ditzen. Es hieß, viele hätten sich daran vergiftet, an den Morcheln. Ich hab Frau Ditzen deshalb mal gefragt: „Wie ist denn das, ich hab schon gehört von vielen, die danach krank geworden sind." „Ja, dann haben sie sie nicht richtig zubereitet, man muss diese Pilze abkochen und das Wasser wegschütten, und auch nicht aufgewärmt essen, und dann auch nicht zu viel essen!" Frau Ditzen hat ja immer nur ein bisschen an die Gerichte rangetan, mit Vernunft gekocht. Morcheln waren also beliebt bei Fallada, und sie haben sie nicht nur selbst gesucht, sondern auch gekauft von den Forstarbeitern. Unter den Männern, die im Wald arbeiteten, hatte sich das herumgesprochen. Die brachten dann die Morcheln zu Ditzens.

Im Garten mussten wir eigentlich nicht mit ran, nur ganz selten. Früher hatten sie dafür ja die Angestellten. Als die Männer und der Gärtner nun nicht mehr da waren, mussten wir mal Erdbeeren pflücken, aber weiter kann ich mich an Gartenarbeit nicht erinnern. Der Garten war schön, sehr schön, das war das große Stück, was vor dem Haus liegt, mit Erdbeeren, Spargelbeeten, Stangenbohnen natürlich, Erbsen und Himbeeren. Am Zaun waren eine dichte Himbeerhecke und Stachelbeeren. Aber so richtig mit dem Spaten in der Hand hab ich Fallada nicht gesehen, ne, also so war das nun nicht, es wird ja immer so hingestellt, als ob er da nun tüchtig mitgemacht habe, aber in der ersten Zeit damals im Krieg hat er das nicht nötig gehabt.

Anna Ditzen, Hubert Räder, Mücke und Haustöchter im Auto, 1938

Viel Arbeit gab's, wenn große Wäsche war. Aufgehängt wurde sie auf dem Platz hinter der Scheune. Gewaschen wurde in der Waschküche, gerade rüber von der Küche. Der große Kessel wurde untergeheizt, und dann hatten Ditzens damals schon eine Waschmaschine, aus Holz mit einem Wellrad, was sich immer so hin- und herdrehte. Und es gab auch eine Wringmaschine mit Rollen, da wurde die Wäsche reingegeben, und dann zog die sich zwischen den Rollen durch. Wenn da hinten Luft drin war und man nicht aufpasste, dann knallte es, und der Bettbezug platzte. Aber alles war schon elektrisch, sogar eine Rolle war da. Alles das spielte sich in der Waschküche ab, getrocknet wurde die Wäsche, wie schon gesagt, hinter der Scheune. Am Waschtag liefen alle mit weißen Kitteln rum, Frau Ditzen immer nur mit einem weißen Kittel, den ganzen Tag, übrigens auch die, die gekocht haben, die Haustöchter, alle mit weißem Kittel. Und das Wäschelegen, das Plätten, Sortieren geschah alles am gleichen Nachmittag.

Kurz vor Weihnachten war Schlachtefest, aber das hab ich nicht mehr mitgemacht, geschlachtet wird ja im Winter, da war ich schon nicht mehr da. Ich weiß nicht, ob die einen Schlachter hatten, aber ich habe mal gehört, dass Frau Wendel vom Deutschen Haus in Feldberg Frau Ditzen beigebracht hat, wie es mit dem Schlachten ist, mit dem Wurstmachen.

Wendels, besonders die Käthi, die kamen öfter mit Fahrrädern rüber, das waren wohl am Anfang die einzigen, zu denen sie aus Feldberg näheren Kontakt hatten.

Aber wenn er hier vorbeigegangen ist und mein Vater war im Garten, ist Fallada sofort stehen geblieben und hat sich mit ihm unterhalten. Und so hat er auch zu anderen Dorfbewohnern Beziehungen gehabt, mit denen er zu tun hatte, den Handwerkern, dem Lehrer. Abends kam immer der Bote und brachte die Zeitung, ich glaube es war die Landeszeitung. Ein Junge brachte sie, ein Schüler. Er hat sie von Feldberg mit dem Rad geholt und dann abends ausgetragen. Es gab bloß die eine Zeitung, soviel ich weiß. Später hat Frau Ditzen immer die Berliner gelesen.

Und wie jeder weiß, hatten Ditzens auch ein Auto. Frau Ditzen hat es gefahren, und der Hubert Räder auch, aber als der zu den Soldaten musste, da ist nur noch sie gefahren. Es war ein riesengroßes Ding, ein Ford, ein dunkles, wunderschönes Auto, bei dem man das Verdeck runterklappen konnte. Und es war fast das einzige im ganzen Dorf. Als der Krieg begann, wurde das Auto stillgelegt, dann mussten sie es abliefern.

Er ist mit den Kindern so viel spazieren gegangen und natürlich auch mit Frau Ditzen. Sie sind öfter zum Hauptmannsberg, zum Bohnenwerder, dahin sind sie wohl gegangen. Und Fallada ist ja auch oft mit dem Fahrrad durchs Dorf gefahren, zum Pilze sammeln, das haben wir gesehen, aber sonst hatten wir keine Ahnung, wie sie die Zeit verbringen. Ins Kino oder zum Tanz - nein, es war ja Krieg, da gab es so was nicht, nicht mal in Neustrelitz.

Ditzens haben doch insgesamt ziemlich abgeschieden gelebt, wenn sie auch gute Kontakte zu einigen Leuten im Dorf unterhielten. Es war ja bekannt, dass Ditzens eigentlich sehr freigebig waren, und wo Not war, da haben sie wirklich geholfen, das kann man schon sagen. Besonders Frau Ditzen war sehr beliebt in Carwitz, geachtet. Ich wüsste keinen im ganzen Dorf, der sie nicht geachtet hat.

Gewiss, manche haben sich vielleicht auch ein bisschen daran geweidet, sich darüber gefreut, wenn sie Katastrophennachrichten gehört haben, wenn Fallada betrunken gewesen wäre und rumgeschrieen haben soll. Solche gibt es immer, aber bei uns war das nicht so, das kann ich nicht sagen.

Na, heute hört man viel, dabei hat's ja manch einer gar nicht richtig erlebt, weiß es nur vom Hörensagen. Außerdem hatte hier auf dem Lande jeder seine eigenen Sorgen, und im Krieg gab's auch wichtigere Sachen als so einen Tratsch. Wir haben uns später sehr gewundert, wie er mit der Anneliese Bentzien losgezogen ist, da haben wir uns gesagt: Das kann doch nicht wahr sein! Und wie sich die Scheidung dann rumgesprochen hat, das haben wir eigentlich nicht verstanden.

Es gibt ein Foto, wie wir mit Uli und Mücke auf einer Leiter stehen, bei Ditzens am Schuppen, das war irgendein Fest, ein Kindergeburtstag. Da war ja was los, und da hat er auch alles durchgehen lassen, was sonst nicht erlaubt war. Es wird Mückes Geburtstag am 18. Juli gewesen sein, ich erinnere mich noch deutlich, es wurde Verstecken im ganzen Haus gespielt, das hab ich schon oft erzählt. Im Garten wurde gespielt, Tüta hat unten auf der Wiese eine Kerze gemacht,

Mückes Geburtstag, 18. Juli 1941 in Carwitz, ganz oben Ursula Schmidt

die konnte so wunderbar turnen. Dann gab's entweder Kakao oder Apfelsaft, und dazu diesen Igel, diese Kekstorte, oder auch Napfkuchen, aber besonders der Apfelsaft, frisch auf dem Hof gepresst, na, das war was für uns!

Ich hab immer gerne gelesen, „Kleiner Mann - was nun?", „Fridolin, der freche Dachs", das lese ich immer wieder, da erkennt man deutlich, wie es in Carwitz gewesen ist, alles ist ganz genau. Der Platz hinter Hennings, Sandberg sagten wir dazu, und die Leute, die da wohnten, hatten dort ihre Holzmieten aufgestellt. Mein Bruder sagte immer, er könne noch genau die Stelle zeigen, wo die Kuh auf den Dachs raufgetreten ist. Das hat Fallada alles ganz exakt beschrieben. Die Namen sind in dem Buch auch alle richtig, Güldner, Ihlenfeldt, und auch der Lindenberg.

Gearbeitet hat er unten am Schreibtisch im Herrenzimmer, aber wenn er Romane geschrieben hat, dann ist er oben gewesen in dem Zimmer, was da zum See rausgeht.

Einmal, ich weiß es noch wie heute, da stand so 'ne Kanne mit Tee, aber es war nur noch ein Rest drin. Ich musste abwaschen, und da hab ich den Rest weggeschüttet und die Kanne abgewaschen. Ich war noch bei der Arbeit, da kam er in die Küche rein und wollte Tee, und ich sage: „Den hab ich eben weggeschüttet!" Mein Gott, ist er da aufgebraust. „Immer wieder besteht dieselbe Idiotie bei den Mädels, dass sie den Tee wegschütten!!!" Na ja, ich hab geheult, und da hat Frau Ditzen mich dann getröstet: „Urselchen, du musst nicht weinen, mein Mann ist krank."

Bald darauf ist er ins Sanatorium gekommen Aber den Satz vergesse ich nie und jedes Mal, wenn ich Tee wegschütte, denk ich daran und höre ihn sagen: „Immer wieder besteht dieselbe Idiotie bei den Mädels, dass sie den Tee wegschütten!!!" Betrunken hab ich ihn nie gesehen, kann ich wirklich nicht sagen, nein, nie, ich bin auch gar nicht auf den Gedanken gekommen, dass der Mann ein Trinker sein sollte, wirklich nicht! Ich war damals 13, 14 Jahre, was hat mich das interessiert!

Ja, mein Kontakt zu Ditzens ist nie mehr abgerissen. Allerdings bin ich später kaum noch hingekommen, es war früher auch nicht so, dass man einfach hinging und Besuche machte. So war das früher nicht auf dem Dorf. Aber Frau Ditzen, als meine Kinder geboren waren, hat mich besucht. Sie hat mir ihre Waage gebracht, und dazu gesagt: „Damit musst du dein Baby immer wiegen, macht so'n Spaß, wenn du es immer wiegst."

ÜBER URSULA SCHMIDT

Ich habe mich nun entschlossen, zu versuchen, den Garten allein mit den Frauen, die ich gerade kriege, zu bewältigen. Wird es eben nicht so wie es muß, wird es auch gehen. Und hoffentlich ist Suse bald wieder hier und gibt ihre Direktiven. Dann wird alles bestimmt klappen. Die Stimmung im Hause ist fröhlich, die Haustöchter machen sich weiter gut oder geben sich doch alle Mühe. Sie sind ja alle noch blutjung (15, 18, 19, nein gestern 20 geworden). Vollkommenheit ist von ihnen nicht zu erwarten - in nichts.
27. März 1940 an die Eltern

Heute Nachmittag habe ich die Guten, nämlich Susi, Mücke, Ursel, Hertha unter Preisgabe meines Schlafes zur Badestelle hinübergerudert, zu unserer alten, weißt Du, und dort haben sie gebadet. Ich wollte ihnen nämlich den Weg nach der Schulbadestelle ersparen, es hat sich aber leider herausgestellt, daß weder Hertha noch Ursel eine Ahnung vom Rudern haben, und so werden sie weiter durch den Staub des Hullerbuschweges wandern müssen.
21. Juni 1940 an Gertrud Malingriaux

ALS SEI ES GESTERN GEWESEN

Frau Bartels waren wir schon ganz am Anfang begegnet, aber bekannt geworden waren wir uns nicht. Es war in den 70er Jahren, da kamen wir zum ersten
Mal nach Carwitz und fragten nach Hans Fallada, der hier in dem Dorf jahrelang
gelebt hatte. Schließlich sagte uns jemand den Weg, meinte jedoch, das sei heut-
zutage ein Ferienheim, da könne man gar nicht rein. Eine Frau, die vorüberging,
wusste es genauer: „Nein, nein, da ist jetzt eine Gedenkstätte, allerdings werden
Sie wohl wirklich kein Glück haben, da ist doch meistens zu!"
Wir fanden schließlich das Haus des berühmten Schriftstellers am Ende des Dorfes und wir hatten wirklich Glück, es war tatsächlich geöffnet. Wir waren ganz
zufällig in der richtigen Nachmittagsstunde gekommen, eine ältere Frau verkauf-
te uns die Eintrittskarten. Von Fallada kannten wir natürlich einige Bücher, und
über sein Leben in Carwitz hatte jüngst viel in der Zeitung[1] gestanden, so waren
wir froh und aufgeregt, dass wir hier ins Gedenkzimmer durften. In den Garten
konnte man nicht, auch nicht in die anderen Räume des Hauses, das war nun
doch nur für die Feriengäste. Auf die Frau am Eingang achteten wir nicht sehr,
sondern bestaunten nur erst mal alles, was in dem Zimmer mit Schreibtisch,
Couch und Regalen noch so vorhanden war. „Das meiste ist noch original von
damals", hatte sie uns gesagt.
Dass auch sie selbst noch original von damals war, dass wir in Frau Bartels eine
ehemalige Haustochter, eine gute Bekannte, ja sogar eine vertraute Freundin der
Ditzens vor uns hatten - wer hätte es uns sagen sollen! Sie selbst sprach nicht so
sehr viel von sich, ein wenig erzählte sie von früher.
Aber wir kamen in den nächsten Jahren wieder und wieder, und langsam begriffen wir immer mehr, wer Frau Bartels war. So entstand mit der Zeit ein freundschaftliches Verhältnis zwischen uns, und wir besuchen sie manchmal.

Ein leichtes Leben hatte Frau Bartels nie, aber es war ein einfaches und gerades
Leben, wie es tüchtige Menschen leben. Früher trug sie die Post aus, war im Dorf
ständig unterwegs. Jetzt im Alter, da sie ausruhen müsste, hat sie es schwer, und
der Schein trügt, wenn man sie von der Dorfstraße aus in der von Nachmittags-
sonne erfüllten Veranda an ihrem Haus sitzen sieht, von Blumen umgeben und
die Zeitung in der Hand!
Eine missglückte Hüftoperation behindert die so fleißige Frau bei allem, was ihre
alten Tage ausmacht. Mühsam ist ihr Leben geworden, mit Stock und Krücken
schleppt sie sich durch Haus und Garten, gerade sie, die doch einst so spring-
lebendig war. Der Garten, der jahrelang nicht nur ein wichtiges Arbeitsfeld, son-

Ursula Bartels, geb. Schmidt, 1998

dern auch ihre Quelle für Freude und Glück war, ist nun ein Grund zum Jammern, denn sie kann nicht mehr so richtig darin wirtschaften. Jäte du mal das Unkraut mit einer mechanischen Greifhand, pflück mal das Obst, die Gurken, wenn du dich kaum noch bücken kannst! Und dennoch rackert sie dort zwischen Blumenbeeten und Tomatenpflanzen und von allem verschenkt sie. Als wir einmal davon erzählten, dass wir Anna Ditzens Dreiecksbeet neu gestalten wollten nach altem Muster, gab sie uns lächelnd einige Stauden mit, Schwertlilien und Phlox, ein paar hatte sie vor Jahren von Frau Ditzen noch selbst bekommen, jetzt kehrten auch die Kugeldisteln zurück an ihren Ursprungsort.

Ja, sie tat es lächelnd, mit Freundlichkeit - das ist gewiss die stärkste Eigenschaft dieser Frau: Freundlichkeit gegenüber dem anderen. Einen Klagelaut, den wir nur zu gut verstehen und ihr doch ganz leicht verzeihen würden - wir hörten ihn nie. Immer ist sie interessiert an allem und hellwach, auch wenn sie müde aussieht. Vor Jahren konnten wir sie im Auto noch einmal in Falladas Haus holen, jetzt geht auch das nicht mehr, so sehr wir sie auch überreden wollen. Also kommen wir zu ihr, wenn es die Zeit erlaubt.

Es ist gut, wenn wir zur Kaffeezeit zu ihr reinschauen, denn etwas später kehrt Wilfried, ihr Sohn, nach Hause, dann brutzelt sie für ihn in der Küche das Abendbrot. Aber wir sind ja schon kurz nach drei bei ihr, da hat sie Zeit. Sie freut sich immer, wenn jemand nach Fallada fragt, denn den Mann und seine Familie verehrt sie. Sie zeigt voller Stolz auf die Bücher, sie hat fast alles von ihm auf dem Regal, und sie hat es auch alles gelesen und sagt dazu ihre feste Meinung. Schon sind wir mitten drin im Erzählen, d.h. wir hören zu, und sie erinnert sich an so viele Dinge, als sei es gestern gewesen.

Anmerkung
[1] Die Fallada-Biografie von Tom Crepon war zuerst in der Zeitschrift Wochenpost veröffentlicht worden

Frau Laabs

Liselotte Laabs

Liselotte Laabs (1904), geb. Hehner, war in Falladas letzten zwei Lebensmonaten in der Berliner Charitè seine Fürsorgerin gewesen. Wir lernten sie in den 90er Jahren kennen, kurz nachdem Frau Laabs der Hans-Fallada-Gesellschaft beigetreten war, deren ältestes Mitglied sie heute ist. Über ihr Leben und die Begegnungen mit Hans Fallada berichtete Frau Laabs zwischen 1995 und 2001 in mehreren Gesprächen, mehrfach besuchte sie in dieser Zeit auch Feldberg und Carwitz. Frau Laabs lebt heute in Berlin.

Fallada möchte Sie sprechen, gehen Sie doch mal zu ihm

Ich bin eine echte Berliner Pflanze, ich bin in Berlin geboren, und zwar in der Nähe vom Gendarmenmarkt. Mein Vater war liberal, was ich dann auch immer war, und meine Mutter war streng preußisch in jeder Beziehung deutschnational, also ganz das Gegenteil von meinem Vater, aber die Ehe war hervorragend, sie ergänzten sich sehr. Das Musische, meine Vorlieben für Musik und Kunst habe ich wohl von meinem Vater mitbekommen. Mein Vater arbeitete am Theater, er war selbständig und war Fachmann für Theaterausstattungen. Schon als ich vier Jahre alt war, hat er mich mehrmals zu den Proben mitgenommen, von daher kommt mein frühes Interesse für die Kunst. Er war ständig unterwegs, ein Vierteljahr lebte er in Wien und Budapest, weil er dort an den Theatern, den Opernhäusern beschäftigt war, und er fehlte mir dann immer sehr. Leider habe ich keine Geschwister gehabt, die ich auch sehr vermisste. Mein Vater starb früh. Die Jahre danach waren eine ganz schlimme Zeit für mich, weil meine Mutter so tief trauerte.

Mein Mann war Jurist, er war zuerst Richter und hörte auf, weil er nicht Nazi werden wollte, was er in seiner Stellung hätte werden müssen. Er wurde Justiziar bei der Preußischen Staatsbank, das war eine hervorragende Stelle, in jeder Beziehung, auch finanziell, also wirtschaftlich ist es uns gut gegangen. Auch mein Mann war musisch interessiert, er spielte Klavier, und wir spielten zusammen vierhändig in der ersten Zeit unserer Ehe.

Später war das vorbei, da machte er nichts mehr, ich konnte die Nazizeit einigermaßen verkraften, aber er nicht. Wir hatten ein ganzes Zimmer nur als Bibliothek, und Falladas Bücher haben wir damals schon gehabt, ich habe sie auch gelesen, verschlungen, Kleiner Mann - was nun, Wer einmal aus dem Blechnapf frisst, Wolf unter Wölfen, was ich bis heute übrigens für sein bestes Werk halte. Aber den Film Kleiner Mann - was nun?, den hab ich 1933 nicht gesehen, wir sind nur wenig ins Kino gegangen, wir waren theaterbesessen.

Ende der 20er Jahre hatte ich auf der Anna-von-Gierke-Schule in Charlottenburg, einer sozialen Frauenschule, meine Ausbildung als Sozialarbeiterin erhalten. Das theoretische Studium war gleich mit praktischer Tätigkeit verbunden, ich arbeitete im Pflegeamt am Alexanderplatz, einer Abteilung des Landes-Wohlfahrts- und Jugendamtes Berlin-Mitte. Nach dem Ende meiner Ausbildung behielt man mich dort als Mitarbeiterin. Ständig war ich unterwegs, um sozial schwache Menschen, gestrandete Existenzen, Arbeitslose, Prostituierte und Homosexuelle zu betreuen. Während dieser Zeit lernte ich das soziale Elend der Arbeiterfamilien kennen, sah Bordelle und Obdachlosenasyle.
Mit dem Machtantritt der Nazis änderte sich meine berufliche Tätigkeit. Homosexuelle und Prostituierte wurden nun nicht mehr betreut, sondern verfolgt und ins KZ verschleppt, ich arbeitete noch eine Zeitlang in Schulen als Berufsberaterin.

Nach meiner Heirat 1936 gab ich die Berufstätigkeit für Jahre auf, mein Mann wollte nicht, dass ich in öffentlichen Einrichtungen dieses Staates arbeitete.
1940 kam eine Verfügung von Hitler heraus, dass Frauen, die keine Kinder haben, in die Fabrik müssen. Das wollten weder mein Mann noch ich. Wir waren eine Antinazifamilie. So bemühte ich mich um eine Stelle, für die ich beruflich ausgebildet war. Es sollte eine ehrenamtliche Arbeit sein, mein Mann hatte nicht erlaubt, dass ich für Gehalt bei den Nazis angestellt sei. Ich hatte zufällig Herrn Dr. Selbach, einen Oberarzt in der Nervenklinik der Charité, kennen gelernt, den fragte ich nach so einer Anstellung. Man akzeptierte, dass ich ohne Bezahlung arbeiten wollte, und nahm mich mit offenen Armen.
Ich war also drei volle Tage in der Woche als Fürsorgerin in der psychiatrischen Klinik und habe mich dort anfangs sehr, sehr wohlgefühlt.
Wir hatten einen Chef, einen charmanten Österreicher aus Graz, der, im Gegensatz zu Dr. Selbach, ein überzeugter Nazi und noch dazu ein hoher SS-Offizier war. Wenn wir uns trafen oder wenn ich zu ihm ging, dann sagte er: „Heil Hitler, Frau Laabs!" und ich sagte: „Guten Tag, Herr Professor!" Das war Professor de Crinis, der übrigens unterm weißen Arztkittel immer mit der Uniform rumlief.
Zu meiner Arbeit als Fürsorgerin gehörte es zwar hauptsächlich, mit den

Angehörigen der Patienten zu sprechen, aber ich hatte auch mit Verlegungen der Kranken zu tun. Mir fiel mit der Zeit auf, dass sich die Klinik in den letzten Kriegsjahren allmählich leerte, ich hatte im Frühjahr 1945 kaum noch etwas zu tun, weil es nur noch ganz wenige Patienten gab. Die Kranken, wenn sie nicht starben, wurden verlegt, wohin, erfuhren wir fast nie. Ich selber musste mal einen Transport machen mit zwei schizophrenen Mädchen nach Meseritz, später begriff ich, was dort mit ihnen geschah, in Meseritz war Euthanasie. Das wusste in der Klinik fast niemand, auch ich war nur durch Zufall darauf gekommen: Einmal hatte ich im Sekretariat von de Crinis unfreiwillig ein Telefongespräch seiner Sekretärin mitgehört. Sie telefonierte mit T 4, das hieß Tiergartenstraße 4, da befand sich die zentrale Stelle, von der aus die unmenschlichen Euthanasieverbrechen der Nazis organisiert wurden.

Die Klinik wurde also immer leerer, und es gab für mich gar nicht mehr viel zu tun, das war Ende 44 Anfang 45. Ich hatte eine Kollegin, eine sehr tüchtige Fürsorgerin, die arbeitete bei Sauerbruch in einem Bunker, in dem Tausende von Verwundeten untergebracht waren. Die Kollegin bat mich: „Können Sie mir nicht ein bisschen helfen, ich komme einfach nicht mehr durch." Das habe ich natürlich getan. Von Februar bis April 1945 habe ich dort in dem Bunker gearbeitet, es war furchtbar. Ich entsinne mich an einen Tag, der so schrecklich war. Da bekamen wir 300 Franzosen, französische Soldaten, die gasvergiftet waren, die wurden bei uns eingeliefert, und einer starb nach dem anderen. Ich ging immer von einem Bett zum anderen, gab ihm die Hand und sprach ein paar Worte, Französisch konnte ich, der eine gab mir die Adresse seiner Mutter, der konnte ich später schreiben, ein anderer gab mir den Namen seines Hauptmanns, es war eine furchtbare Zeit. Ganz, ganz furchtbar.

Nach dem Zusammenbruch des Naziregimes war de Crinis nicht mehr da, er hatte sich durch Selbstmord der Verantwortung entzogen, sich zusammen mit seiner Familie umgebracht.
Die Leitung der Klinik hatte jetzt Prof. Roggenbau. Den kannte ich sehr gut. Seine Tochter hat ungefähr ein Vierteljahr bei mir gewohnt.
Jahre später habe ich ihn noch einmal in Wiesbaden getroffen und wir sind beide zusammen essen gegangen. Dann habe ich nichts mehr von ihm gehört.

Ende November oder Anfang Dezember 1946 kamen Fallada und seine junge Frau, die frühere Frau Losch, zu uns in die Klinik wegen ihrer Morphiumgeschichten. Die Nervenklinik hatte ein großes Gelände und zwei verschiedene Abteilungen, eine Männer- und eine Frauenabteilung. Roggenbau ließ mich kommen, und ich kann mich noch genau besinnen, dass wir überlegten, wen von beiden ich betreuen sollte: entweder den einen oder die andere. Ich entschied mich für Fallada. Roggenbau und auch ich lehnten es ab, beide Patienten durch mich betreuen zu lassen, damit nichts hin- und hergetragen wurde von einem zum anderen. Sie hatten auch beide, sowohl Fallada wie seine Frau, die strenge Anweisung, dass sie nicht zueinander kommen durften, weil sie beide Morphium genommen hatten und auch sehr leicht zum Trinken zu verführen waren. Man wollte auf jeden Fall verhindern, dass die Frau ihm eventuell auf irgendeine Weise wieder Morphium zustecken könnte.

Als ich Fallada dann das erste Mal besuchte, war er in einem sehr hübschen Einzelzimmer. Ich sehe das Zimmer noch vor mir, rechts stand das Bett am Fenster, links hatte er Tisch, Stuhl, Waschgelegenheit.

Ich weiß es nicht mehr genau, aber vielleicht gab es am Anfang ein Gespräch etwa so in der Art: „Ich kenne Sie, Herr Fallada, ich habe Ihre Bücher gelesen, wir kennen Sie hier alle." Ich habe bei jedem Patienten mit sehr viel Freundlichkeit versucht, erst mal einen Kontakt zu schaffen, das war immer die Basis, wenn der weitere Umgang erfolgreich sein sollte. So war das auch bei Fallada, ich wusste ja gar nicht, wie er sich verhält, er hätte ebenso auch ganz negativ reagieren können.

Aber er war freundlich, zurückhaltend, ruhig und ausgeglichen, freute sich, dass ihn jemand besuchte. Ich fragte, ob ich wiederkommen sollte. „Ja", sagte er, er würde sich freuen. Ich bin dann also diverse Male bei ihm gewesen, unsere Unterhaltung ging über ganz allgemeine Dinge, nicht über seine Krankheit, überhaupt nicht. Das überließ er ja den Ärzten. Ich hatte eher das Gefühl, es sei gut, wenn mal jemand außerhalb der Krankenhausatmosphäre zu ihm komme, mit ihm spricht, und deshalb bin ich immer wieder zu ihm gegangen.

Wenn ich hinkam, lag Fallada nicht im Bett, sondern er war auf, begrüßte mich, und dann haben wir uns zur Unterhaltung hingesetzt. Er hatte auf dem Tisch einiges zu liegen, an Bücher kann ich mich nicht erinnern, an eine Schreibmaschine auch nicht, das glaube ich nicht. Aber er hat geschrieben, mindestens Briefe. Ich sehe den Tisch vor mir mit so schriftlichen Sachen drauf. Wir haben uns gut verstanden und sind gut miteinander ausgekommen, aber sonst nichts. Er war freundlich, aber immer mit einer gewissen Reserve, einer gewissen Distanz, vertrauliche Gespräche hätte ich mit ihm nie geführt, weil ich das Gefühl hatte, da ist eine Barriere, da kommst du nicht durch. Aber er war immer, wenn ich da war, ruhig und ausgeglichen, vollkommen klar, nicht dass er irgendwie unter Morphium stand.

Deshalb glaube ich auch die Geschichte mit dem Rollstuhl nicht, wie sie in dem Film gezeigt wird. Es kam natürlich in der Charitè vor, dass Patienten den Studenten vorgeführt wurden. Es war ja eine Universitätsklinik. Aber dass

Fallada, womöglich noch ohne sein Einverständnis, dem studentischen Publikum apathisch vorgeführt worden sei, das glaube ich auf gar keinen Fall, es ist absolut unmöglich, dass sich das unter Prof. Roggenbau so zugetragen hat [1].

Eines Tages sagte der Professor Roggenbau zu mir: „Fallada möchte Sie sprechen, gehen Sie doch mal zu ihm." Als ich in sein Zimmer kam, war er nicht da. Ich fragte den Pfleger, und der sagte: „Fallada ist im Schwimmbad." Ich ging dorthin, wo in einem großen, ganz normalen Krankensaal ein Schwimmbecken eingerichtet war, das war also das Schwimmbad. Da schwamm mein kleiner Fallada also lustig im Wasser umher. Er sah furchtbar elend aus, alt und elend, ich habe in Erinnerung, dass der Körper so schmal, so ganz, ganz schmal war. Nun täuscht das vielleicht, wenn jemand im Wasser ist, und es war ja auch eine schlimme Zeit. Jedenfalls hatte er einen ganz schmalen, kleinen Körper und einen auffallend großen Kopf.

Fallada sagte zu mir: „Ach, Frau Laabs, wie schön, dass Sie da sind. Nehmen Sie sich doch bitte den Stuhl, bitte, setzen Sie sich hier hin." Ich rutschte also mit dem Stuhl an den Beckenrand heran, er blieb im Wasser, schwamm lustig weiter und erzählte mir sein Anliegen:

Die Losch hatte aus erster Ehe eine kleine Tochter, ich weiß nicht mehr, wie sie hieß, sie muss so sechs, sieben Jahre alt gewesen sein. Die Wirtschafterin, die sie draußen in ihrer Villa in Pankow [2] hatten und die das Kind dort betreute, wollte zu Weihnachten gern nach Hause fahren. Nun sollte ich dafür sorgen, das Kind unterzubringen. Er erzählte mir das alles ganz klar, erstaunlich sachlich, kurz und bündig. Ich sagte: „Herr Fallada, ich werde mich kümmern, werde versuchen einen Platz zu finden, in zwei Tagen komme ich wieder und sage Ihnen Bescheid, wo wir das Kind lassen können."

Ich wusste in dem Moment sofort, wo ich das Kind unterbringen könnte, traute mich aber nicht, es ihm zu sagen, in der Annahme, dass er das ablehnen würde. Mir waren sofort meine guten Beziehungen eingefallen, die ich zu einem Kloster in der Pfalzburger Straße in Wilmersdorf hatte, zu Nonnen. Die hatten mir schon oft geholfen, und da habe ich angerufen und ihnen das alles erzählt, auch gesagt, um wen es sich handelt, und ob sie mir das Kind abnehmen würden. Sie waren sofort einverstanden. Ich dachte, na, wie wird Fallada das wohl aufnehmen, wenn ich ihm sage, das Kind soll zu Nonnen. Aber er fand das wunderbar und großartig, und es klappte dann auch hervorragend.

Ich habe hinterher von ihm gehört, dass sich das Kind dort über Weihnachten und Neujahr sehr wohlgefühlt hätte.

Und dann war ich nach Silvester noch einmal bei ihm, da sprachen wir auch noch über das Kind, nie über seine Frau. Über sie haben wir nie gesprochen, das vermied ich nach Möglichkeit. Ich habe sie in der ganzen Zeit auch nur ein einziges Mal auf dem Flur in der Frauenabteilung gesehen, sie war ebenfalls angezogen, hatte rote Fingernägel, war sehr geschminkt, eine gut aussehende Frau. Ich dachte bei mir, wie gut, dass du nicht zu ihr gegangen bist als Fürsorgerin, das wäre doch vollkommen zwecklos gewesen.

Seiner geschiedenen Frau Anna Ditzen jedoch bin ich öfter begegnet. Sie ist damals mehrmals in der Charitè gewesen, und ich habe sie dabei gut kennen gelernt. Wenn sie zur Tür reinkam, fragte sie jedes Mal: „Wie geht's meinem Jungchen?" Auch wenn sie von ihm sprach, nannte sie ihn immer „mein Jungchen". Einmal haben wir uns ganz zufällig auf dem Kurfürstendamm getroffen. Da sind wir zu Möhring[3] Kaffeetrinken gegangen und haben uns sehr gut unterhalten, haben sehr intensiv miteinander gesprochen. Ich hatte das Gefühl, dass sie noch sehr an ihm hing, und das hat sie mir auch zugegeben.

Mein Eindruck von Anna Ditzen war ein ganz hervorragender, und ich kann mir vorstellen, dass sie ihm eine große Stütze war. Sie wirkte so natürlich und lebensnah, ein bisschen bäuerlich, würde ich sagen, aber so menschlich, dass man überhaupt nicht empfunden hat, dass sie ja aus ganz einfachen Verhältnissen stammte. Mir gefiel sie absolut, man hatte das Gefühl, wo sie stand, da gehörte sie auch hin.

Auch der älteste Sohn, der Uli, war einmal bei mir. Ich weiß nicht mehr, was der wollte, aber er war sehr zurückhaltend, der ist gar nicht aus sich herausgegangen. Aber mit ihr habe ich mich sehr gut unterhalten.

Eines Tages so ungefähr um den 5. Januar 1947 herum traf ich, als ich ins Haus kam, unseren Verwaltungsinspektor, mit dem ich mich sehr gut verstand. Er begrüßte mich mit den Worten: „Frau Laabs, ich habe eine große Neuigkeit für Sie." Ich fragte zurück: „Was gibt's denn?" „Wir mussten Fallada heute früh aus der Klinik setzen." „Warum denn das?" Da hat er mir erzählt, dass Fallada und seine Frau morgens sofort das Haus verlassen mussten. Er war in der Nacht zu ihr gegangen, was ihnen also streng verboten war, und da hat der Chef sie sofort am nächsten Tag rausgesetzt. „Dies muss aber unter uns bleiben", sagte der Verwaltungsinspektor, so etwas hatte es noch nie in der Charitè gegeben. Sie sind dann nach Haus, zurück nach Pankow. Dort haben sie sich aber nur wenige Tage aufgehalten, denn schon kurz danach erfuhr ich von Roggenbau, dass Fallada in ein Behelfskrankenhaus verlegt worden sei.

Wenig später kam die Todesnachricht[4]. Professor Roggenbau rief mich in sein Zimmer, um mit mir darüber zu sprechen und sagte: „Also ich möchte ja wissen, woran Fallada gestorben ist." Da mich das ja auch, brennend sogar, interessierte, sagte ich zu ihm: „Rufen Sie doch mal da an." Und er: „Das mach ich." Ließ sich verbinden, rief an, aber der Arzt in Pankow, der am Apparat war, sagte:

„Darüber gebe ich keine Auskunft." Prof. Roggenbau war empört, wütend schlug er den Hörer auf die Gabel und sagte heftig: „Das ist mir in meinem ganzen Leben noch nicht passiert! Als Chefarzt der psychiatrischen Klinik der Charitè wird mir von einem Kollegen keine Auskunft über den Tod eines früheren Patienten erteilt, da ist etwas nicht in Ordnung!" Alles, was wir in dem Zusammenhang weiter besprachen, waren Vermutungen, Genaues wurde nie bekannt.

Der Direktor
der Universitäts-Nervenklinik
der Charité

BERLIN NW 7, den .... 8. März 1949
Schumannstr. 20-21
Tel. 42 51 16

Frau Liselotte L a a b s, wohnhaft Berlin-Charlottenburg, Gervinusstr.23, ist vom 1. Oktober 1941 bis zum 9. Februar 49 in der mir unterstellten Klinik als Fürsorgerin tätig gewesen. Sie hatte in dieser Eigenschaft die Arbeit der Klinik zu ergänzen. Zu ihrem Aufgabenbereich gehörten die Feststellung der häuslichen Verhältnisse bei den in die Klinik eingewiesenen Kranken, die Vermittlung von Arbeitsplätzen für die aus der Klinik zur Entlassung kommenden Kranken, die nachgehende Betreuung der nach Hause entlassenen chronischen Kranken, die Erwirkung von Unterstützungen und die geeignete Unterbringung und Versorgung unheilbarer Kranken.

Frau L a a b s hat sich allen gestellten Aufgaben mit grosser Geduld und nie erlahmendem Eifer gewidmet. Ihr feinfühliger Takt, ihr ausgleichendes Wesen und ihre Gewandheit im Umgang mit Menschen kamen ihr bei der Klärung komplizierter Verhältnisse besonders zu statten. Frau L a a b s hat sich der Klinik durch ihre Mitarbeit bestens bewährt. Ihr Ausscheiden, welches aus äusseren Gründen erfolgt, bedeutet für die Klinik eine fühlbare Lücke.

173

ZUM TEE BEI EINER ALTEN DAME

Draußen im Eichholz war es kalt und stürmisch in der Abendstunde des 16. Oktober 1995. Es pfiff schlimm durchs kahle Geäst, Wind trieb die Blätter vor sich her, da wollte man lieber drinnen sein! Und dazu verlockte das einsame Haus des Fallada-Archivs vielversprechend mit Festbeleuchtung aus allen Fenstern. Leute zogen auf dem schmalen Asphaltband am Scholverberg entlang zu Fuß auf das Licht zu, Autos quälten sich über den steilen Sandweg hinterm Haus, Türenklappen, Begrüßungsformeln, geschäftige Bewegung. Ein verspäteter Wagen brummte noch eilig heran, der Herr und die ältere Dame, die ihm entstiegen, waren die letzten Gäste, die ins Haus kamen. Nun waren alle da, es wurde still, das allgemeine Gelächter verstummte, die Leute hatten Platz genommen, jetzt konnten die Reden anfangen.

An diesem Tag hatten wir Frau Liselotte Laabs in Feldberg kennen gelernt, an einem denkwürdigen Tag übrigens.
Falladas schriftstellerischer Nachlass war nach sechs langen Jahren und auf Antrag des Landes Mecklenburg Vorpommern ins Feldberger Eichholz zurückgekehrt, wo ihn das Literaturzentrum Neubrandenburg schon einmal aufbewahrt hatte, seit Anfang der 80er Jahre. 1989 hatte man den Schatz in die Hauptstadt abgeben müssen. Jetzt aber lagen die in leuchtend rotes Leinen gebundenen Kästen mit dem kostbaren Inhalt sicher und wohlverwahrt wieder dort, wo sie hingehören, im Hans-Fallada-Archiv.
Der Anlass war also freudig, und es gab Ehrengäste mit der Kultusministerin des Landes an der Spitze, eine festliche Tafel und feines Essen. Frau Annas hatte ein wunderbares Frikassee gekocht, und die alte Dame neben mir, noch immer etwas gerötet durch die Anstrengung da draußen, von der sie mir bald berichtete, ermunterte mich: „Nehmen Sie, es schmeckt wirklich ganz vorzüglich, frisch und köstlich, mit Spargel und Champignons", das letzte Wort sprach sie so aus, dass Französischlehrerinnen ihre Freude gehabt hätten, „besser bekommen Sie das bei Kempinski auch nicht." Bei Kempinski! An diesem mondänen Hotel im Berliner Westen war ich höchstens draußen mal vorbei gegangen, drin gesessen hatte ich noch nie, und das sagte ich auch.
„Na, ich war auch schon lange nicht da, obwohl ich dort in der Nähe vom Kudamm wohne, besuchen Sie mich doch einmal, ich wohne in der Rankestraße."
„Das ist ja dort, wo früher Austernklinger sein Schlemmerlokal hatte, Klinger's Weinstuben, Rankestraße 26! Das ist eine Fallada-Adresse, da ist er manchen

Liselotte Laabs mit Inge und Manfred Kuhnke im Feldberger Eichholz, 1995

Abend mit Rowohlt gewesen. Gibt es das Lokal eigentlich noch?"
„ Nein, das glaube ich nicht, ich geh da jeden Tag lang, das wäre mir längst auf-gefallen. Aber Austernklinger und Fallada, das wusste ich ja gar nicht. Also kom-men Sie einmal zum Tee zu mir, ich freue mich, wenn Sie mich besuchen, brin-gen Sie Ihre Frau mit."
„Und wer sind Sie eigentlich?" fragte ich die lebhafte und so sorgfältig frisierte und apart gekleidete Dame, und bald beglückwünschte ich mich insgeheim, dass ich den Platz neben ihr und so die beneidenswerte Gelegenheit bekommen hatte, mit ihr zu sprechen. Es war übrigens purer Zufall, dass sie jetzt neben mir saß, eine halbe Stunde früher hatte sie noch in Carwitz vor Falladas Haus gestan-den und sich gewundert, weil alles finster war und menschenleer. Nur gut, dass sich noch jemand den Veranstaltungsort nicht richtig gemerkt und dass der ein Auto hatte, so war gerade noch alles gut gegangen.
Bald wusste ich mehr: Sie war hier am Tisch gewiss die einzige, die Hans Fallada noch persönlich begegnet war, und davon machte sie mir dann auch so aufre-gende Andeutungen, dass ich am liebsten gleich alles wissen wollte. Als sie mein immer größer werdendes Interesse bemerkte, wiederholte sie zum dritten Mal den verlockenden Vorschlag: „Wir treffen uns wieder, entweder bei mir in Berlin oder hier in Feldberg, ich komme jedes Jahr hierher, dann lade ich Sie zum Tee ein und wir können über alles in Ruhe reden."

In der festen Gewissheit, dass wir uns wiedersehen werden, ließ ich also für heute mein Hauptthema, wir plauderten über alles in der Welt, und davon verstand sie eine Menge, kein Wunder, Frau Laabs war 91 Jahre alt und war weit herumgekommen, da hat man was erlebt.

Schon im November 1995 bekam ich einen Brief aus der Berliner Rankestraße, in dem mir Frau Laabs ihren Entschluss mitteilte, der Hans-Fallada-Gesellschaft beizutreten. Und den Weihnachtsgrüßen war beigefügt: „Ich habe meinen Eintritt in die Fallada-Gesellschaft schon in Feldberg erklärt und gleich selbstverständlich den Beitrag bezahlt. Jetzt bin ich damit beschäftigt, die Bücher über F. zu lesen, sehr interessant. Wenn Sie und Ihre Gattin Zeit haben, würde es mich sehr freuen, wenn Sie sich meldeten - aber bitte erst nach den Festtagen, vorher bin ich sehr besetzt."

Aber auch bei uns gab es mehr Stress als freie Zeit, und so dauerte es bis zum Wiedersehen noch eine ganze Weile. Unterdessen hatte sich zwischen uns der Briefwechsel angenehm fortgesetzt, der sich natürlich meistens um Fallada drehte. Frau Laabs hatte sich erneut in seine Bücher vertieft, und unser Briefgespräch war anregend für beide Seiten.

Dann war Frau Laabs eines Tages wieder in Feldberg und lud uns zu sich ins Deutsche Haus zum Tee. Auf die Minute war ich zur verabredeten Zeit im Hotel, ich kann das Warten nicht leiden, das hab ich mir nicht erst von Fallada abgeguckt, mein Vater war mit Uhrzeiten und Terminen auch so genau. Wenn man verabredet ist, darf man den anderen nicht warten lassen, und erst recht nicht eine alte Dame, die ja meine Mutter sein könnte und mich in ihrer ganzen Erscheinung an meine Großmutter erinnerte. Frau Laabs gehörte jener Generation an, die Unpünktlichkeit ganz und gar nicht gewöhnt war und so etwas gewiss nicht leiden konnte, vielleicht sogar für unverzeihlich hielt.

Das Hotelcafè war jetzt zu dieser frühen Nachmittagsstunde fast ohne Gäste, nur an der Theke saß ein Herr vor seinem Bier. Irgendein Schlager kam von irgendwoher aus dem Lautsprecher und machte die Leere noch spürbarer.

Es war niemand weiter da, ich sah Frau Laabs dort hinten am Tisch sofort. Sie hatte mich erwartet, und da saß sie nun, nickte mir leicht zu, als ich in den Gang trat. Ich erkannte sie sofort wieder, obwohl sie seit damals im Eichholz verändert schien. Der brokaten schimmernde weinrote Turban, den sie auf dem Kopf trug, passte nicht zu Feldberg, aber genau zu dem feinen Kostüm und dem zarten Rouge ihrer Wangen. Es war unser erstes Rendezvous, später würde ich begreifen, dass es ganz und gar dem Geschmack von Liselotte Laabs entsprach, sich schön zu machen und Putz anzulegen, sorgfältig ausgewählt und sicheren Stil verratend.

Jetzt also doch wie bei Kempinski. Und als hätte sie meine Gedanken erraten, sagte sie verschmitzt auf jenes erste Gespräch vor zwei Jahren anspielend: „Na ja, Kempinski ist es nicht, da ist um diese Zeit mehr los, aber der Kuchen schmeckt auch hier sehr gut, und ich bin sehr zufrieden. Ich empfehle Ihnen die Kirschtorte, mit etwas Sahne ist sie ausgesprochen köstlich, wirklich ganz vorzüglich."

Die gegenseitig offenbarte Faszination von Hans Fallada war die gute Grundlage für unsere freundschaftliche Beziehung. Obwohl wir uns ja nur an einem Abend vor zwei Jahren gesehen hatten, entstand auch jetzt keinerlei Verlegenheit zwischen uns. Durch unsere Korrespondenz waren wir uns ja nie aus den Augen - aus dem Sinn gekommen, und mir war, als wären wir uns seit langem bekannt. Meiner Tischdame ging es vielleicht ähnlich, denn sie begann gleich und ganz unaufgefordert zu plaudern: „Seit ich Anfang der 90er Jahre zum ersten Mal hier herkam, habe ich mich gleich in die herrliche Landschaft verliebt, alles ist hier so schön, die Seen, auch der Hotelier ist überaus aufmerksam und kümmert sich sehr um mich. Ich lasse mich von einem befreundeten Taxifahrer aus Berlin herbringen, und nach zwei Wochen holt er mich wieder ab. Immer im Herbst, die herrliche Laubfärbung der Wälder, die Ruhe, ein wunderbarer Ausgleich zur Großstadt, Touristen sind dann kaum noch hier, das Hotel, Sie sehen es ja, ziemlich leer, und trotzdem alles frisch und proper. Diesmal bin ich allein, aber manchmal gehe ich auch mit meinen beiden Freunden, jungen Männern aus Pankow, auf Reisen. Mit denen war ich sogar schon in Paris."

Frau Laabs ließ mich, wie an jenem ersten Abend schon, viel von ihrem Leben wissen, wie sie aufgewachsen war und dann ihren Mann getroffen hatte, sie erzählte von den wunderbaren Reisen quer durch Europa und in die USA, sie sprach von ihrer Ausbildung und dann auch von dem dunklen Kapitel T 4 und wie sie später in der Charitè mit Fallada zusammengekommen war, als de Crinis längst weg und Professor Roggenbau ihr ein ausgezeichneter Chef gewesen war. „Nicht so schnell", wollte ich sie in ihrer Lebhaftigkeit aufhalten, „da muss ich mir ein paar Notizen machen." Und sie erzählte und erzählte, und ich konnte nicht genug kriegen.

„Na wissen Sie, wo Sie doch den Winter über in Berlin sind, da können Sie mich ja nun wirklich einmal zu Hause besuchen. Das wollten Sie doch längst schon, jetzt müssen Sie und Ihre Frau aber mal kommen!"

Das geschah dann auch, es war im nächsten Frühjahr, die alten Platanen mit ihren gefleckten Stämmen in der Rankestraße hatten schon grüne Spitzen, und bei Hugendubel lagen im Schaufenster bunte Frühlingssträuße zwischen den Büchern. Rankestraße 26! Nein, Austernklinger war nicht mehr da, und kein Rowohlt mehr mit Fallada hinter den Fenstern, aber dafür moderne Leute von heute, das Handy am Ohr, Mappen unterm Arm, mit dem Daimler vor der Tür und ein Gehetze auf der Straße, niemand hat Zeit, alles jagt und rennt. Und trotzdem - Flair hat die Gegend immer noch.

Das Haus fanden wir sofort, es war zwischen den langweiligen Neubaukästen das schönste der ganzen Straße, eine majestätische Gründerzeitfassade mit Säulen, halbrund vorgewölbten Loggien und viel figürlichem Schmuck bis hoch in den Giebel, eine Pracht, die ihre Wucht etwas verlor, weil alles in einem frischen milden Gelb leuchtete.

Wir klingelten an dem Schildchen mit ihrem Namen, meldeten uns am Sprechschlitz, passierten nach dem Summton sogleich das rechte Seitenportal und gingen über einen stillen sauberen Hof ins Hinterhaus.

Frau Laabs öffnete uns, sie freute sich über unsere Pünktlichkeit und war sehr herzlich, und ich musste wieder und wieder an meine Großmutter denken, bei der ich das in dieser ersten Türminute immer ganz genau so gespürt hatte. „Treten Sie näher", bat sie uns herein. Durch den kleinen Flur kamen wir in, ja, ich muss sagen, ihren Salon. Das war nicht einfach ein Wohnzimmer, sondern verdient diese elegantere Bezeichnung. Hier blickten uns die Erinnerungen an ein langes Leben an, ein dennoch kulturvoll eingerichtetes Leben bei aller Schwere von Krieg und Not, die sie ja zweimal erlebt hatte.

Ein schöner Stutzflügel inmitten der alten wertvollen Möbel, nicht Prunk, sondern edle Gediegenheit, Skulpturen, Zeichnungen und Gemälde an den Wänden, viele Bücher. Frische Blumen standen in der Vase, die mitgebrachten Rosen kamen auf den Tisch. Der Tee duftete schon, und als ich passend dazu ein paar Takte tea for two auf dem Instrument anschlug, wurde Frau Laabs ganz beschwingt und rief mir zu: „Weiter, weiter, ach, was haben wir früher für schöne Gesellschaften gehabt, ich spiele ja schon lange nicht mehr, aber ich fange wieder an zu üben. Als mein Freund Rosa von Praunheim

Lieselotte Laabs, geb. Hehner, 1998

bei mir war zu einem Interview, da ging es hier auch bewegt zu." Und ich begriff, dass wir uns nicht etwa in einem Museum befanden. So sehr auch die verschiedenen Gegenstände und das gesamte Interieur aus einer früheren Zeit sein mochten wie unsere charmante Gastgeberin selbst, nichts war verstaubt oder altmodisch, alles lebte noch, weil Frau Laabs so lebhaft darin war. Auf dem Notenpult des Flügels standen Kalenderblätter, weltbekannte Gemälde aus berühmten Galerien: „Ich wechsele sie alle paar Tage, denn ich möchte sie alle nochmals sehen, ich habe Freude daran, habe die Bilder lieb, sie begleiten mich durch die Jahre schon, seit ich sie sah im Louvre, in London und Italien."

Und über Tee und Keksen, aus einer goldblinkenden Blechdose zugereicht wiederum wie bei meiner Oma, kamen wir ins Gespräch, sie fragte ganz viel nach uns, wie wir zurecht kämen mit der neuen Zeit, wie es in Weißensee, wie es in Carwitz gehe und was jetzt in Feldberg los sei. Sie fragte auch nach ihr bekannten Menschen, bestellte Grüße für den Wirt vom Deutschen Haus: „Der hat mir nett geschrieben, aber von ... ", und sie nannte einen uns bekannten Namen, „habe ich lange nichts gehört, keine Antwort erhalten auf meine Briefe, das kann ich gar nicht verstehen, wissen Sie vielleicht dafür Gründe?" Als wir etwas verlegen die Schultern zuckten, fragte sie gleich weiter: „Und die Feldberger Seen, waren sie zugefroren dieses Jahr, konnte man Schlittschuhlaufen? Und Falladas Grab, er hatte doch vor kurzem Todestag, nicht wahr?"

Das alles war nicht etwa Neugierde, die aus Langeweile oder gar verzeihlichem Redebedürfnis resultiert, wie sie hier und da vorkommt bei vereinsamten älteren Menschen, sondern interessierte Aufmerksamkeit für den Nachbarn, wirkliche Anteilnahme als eine Form von Nächstenliebe, die uns gut tat, weil man so etwas heute, besonders bei jungen Leuten, nicht mehr so oft antrifft. Mir fiel ein, dass wir darin ein Hauptstück von ihrem Wesen zu erkennen hatten, denn Frau Laabs war ja einst Fürsorgerin gewesen, immer für andere da, alle hätten sie gern gehabt: „Auch die Nutten haben freundlich gewinkt, wenn ich übern Alex ging, und ich höre noch, wie eine zur anderen ruft: ‚Kiek mal, da kommt die von de Fürsorge!'"

Anmerkungen

[1] s. Kuhnke, Manfred „Szene im Hörsaal", NDL 39/1991
[2] Hans Fallada wohnte 1945/47 in Niederschönhausen, Eisenmengerweg 19.
[3] Berliner Konditorei und Cafè Möhring, Berlin W 15, Kurfürstendamm 213
[4] Hans Fallada starb am 5. Februar 1947 in Berlin-Pankow.

ANHANG

Ich danke allen befragten Personen, die mit freundlicher Bereitwilligkeit ihre Erinnerungen an die Zeit ihres Umgangs mit Hans Fallada zur Verfügung stellten.
Sophie Baumgarten und Lilo Damerow sind inzwischen verstorben, ihnen sei mit dieser Publikation ein ehrendes Gedenken erwiesen.

Besonderer Dank gebührt Frau Dora Koch, Frau Gertrud Buhrs sowie Herrn Dr. Ulrich Ditzen, die mir die Veröffentlichung von Briefen freundlich gestattet haben. Ebenso danke ich meiner Lektorin Frau Erika Becker vom Literaturzentrum Neubrandenburg sowie Herrn Jochen Lautenschläger für die künstlerische Einrichtung von Text und Bild.

M. K.

Die Gespräche mit den befragten Personen fanden statt am:

Sophie Baumgarten, geb. Zickermann: 27. März 1993, 31. Januar 1994 in Berlin

Ursula Bartels, geb. Schmidt: 01. Juli, 14. September 1996, 13. Oktober 1997, 19. Mai 2000 in Carwitz

Luise Borchert, geb. Lamp: 02. April 1997 in Rangsdorf, 29. August 1997 in Carwitz

Gertrud Buhrs, geb. Malingriaux: 09. Oktober 1998, 18. Dezember 1998 in Berlin, 16. Juli 1999 in Carwitz

Lilo Damerow, geb. Neumann: 08. und 17. November 1983, 20. Februar 1984 in Berlin, 07. Juli 1984 in Feldberg/Carwitz

Dora Koch, geb. Isbrandt: 14. November 1994 in Berlin

Liselotte Laabs, geb. Hehner: 16. Oktober 1995 in Feldberg, 08. Februar 1998, 16. November 1999, 08. März 2001 in Berlin

Christa Schönfeld, geb. Utnehmer: 28. September 1998 in Carwitz

Dokumente und Fotos: Hans-Fallada-Archiv Carwitz und aus dem Privatbesitz von Ursula Bartels, Gertrud Buhrs, Lilo Damerow, Ulrich Ditzen, Dora Koch, Manfred Kuhnke, Liselotte Laabs, Christa Schönfeld und Helga Wehrle

Impressum

© federchen Verlag, Neubrandenburg, 2001
Herausgegeben vom Literaturzentrum Neubrandenburg e.V.
Redaktion: Erika Becker
Gestaltung, Layout, Satz: www.lautenschlaeger-grafik.de
Druck: Druckerei Steffen, Friedland

ISBN 3-910170-48-X